30장면으로 끝내는

스크린 영어회화

DISNEY 미녀와 야수

해설 라이언 강

길벗 이지:톡

이 책의 학습법

이 책은 스크립트 북과 워크북, 전 2권으로 구성되어 있습니다. 이 책은 워크북으로 전체 대본에서 뽑은 30장면을 집중 훈련할 수 있습니다.

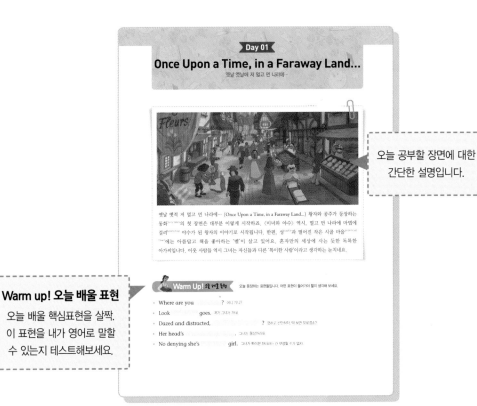

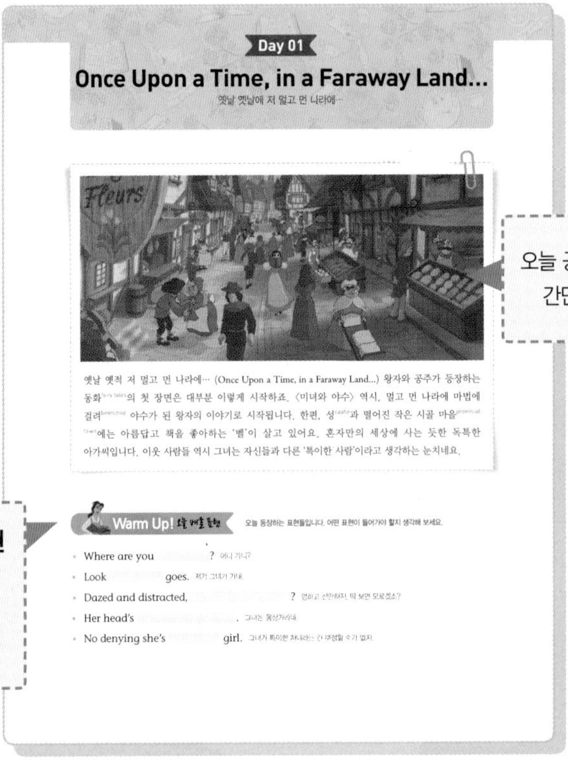

Day 01

Once Upon a Time, in a Faraway Land...

옛날 옛날에 저 멀고 먼 나라에…

옛날 옛적 저 멀고 먼 나라에… (Once Upon a Time, in a Faraway Land...) 왕자와 공주가 등장하는 동화[fairy tales]의 첫 장면은 대부분 이렇게 시작하죠. 〈미녀와 야수〉 역시, 멀고 먼 나라에 마법에 걸려[bewitched] 야수가 된 왕자의 이야기로 시작됩니다. 한편, 성[castle]과 떨어진 작은 시골 마을[provincial town]에는 아름답고 책을 좋아하는 '벨'이 살고 있어요. 혼자만의 세상에 사는 듯한 독특한 아가씨입니다. 이웃 사람들 역시 그녀는 자신들과 다른 '특이한 사람'이라고 생각하는 눈치네요.

Warm Up! 오늘 배울 표현 — 오늘 등장하는 표현들입니다. 어떤 표현이 들어가야 할지 생각해 보세요.

- Where are you ? 어디 가니?
- Look goes. 저기 그녀가 가네.
- Dazed and distracted, ? 멍하고 산만하지, 딱 보면 모르겠소?
- Her head's . 그녀는 몽상가라네.
- No denying she's girl. 그녀가 특이한 처녀라는 건 부정할 수가 없지.

오늘 공부할 장면에 대한 간단한 설명입니다.

Warm up! 오늘 배울 표현

오늘 배울 핵심표현을 살짝. 이 표현을 내가 영어로 말할 수 있는지 테스트해보세요.

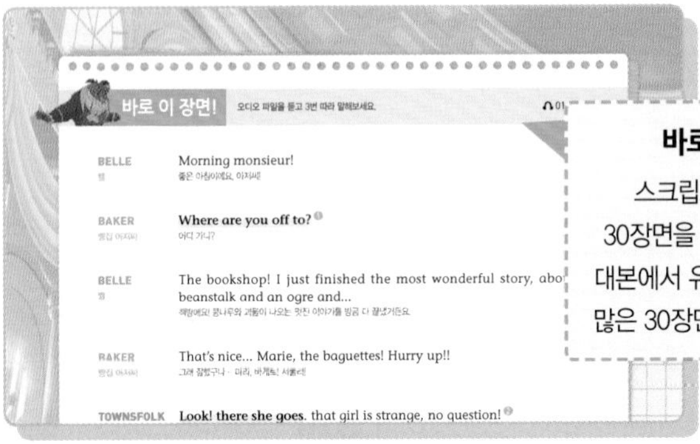

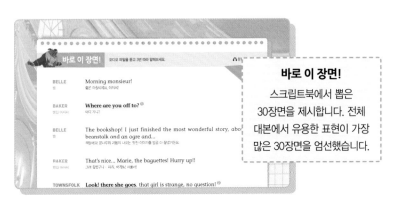

바로 이 장면! 오디오 파일을 듣고 3번 따라 말해보세요. 01

BELLE 벨 — Morning monsieur! 좋은 아침이에요, 아저씨!

BAKER 빵집 아저씨 — **Where are you off to?** 어디 가니?

BELLE 벨 — The bookshop! I just finished the most wonderful story, abo beanstalk and an ogre and... 책방에요! 콩나무와 괴물이 나오는 멋진 이야기를 방금 다 끝냈거든요.

BAKER 빵집 아저씨 — That's nice... Marie, the baguettes! Hurry up!! 그래 잘했구나… 마리, 바게트! 서둘러!

TOWNSFOLK — **Look! there she goes.** that girl is strange, no question!

바로 이 장면!

스크립트북에서 뽑은 30장면을 제시합니다. 전체 대본에서 유용한 표현이 가장 많은 30장면을 엄선했습니다.

장면 파헤치기

'바로 이 장면!'에서 뽑은 핵심 표현들을 친절한 설명과 유용한 예문을 통해 깊이 있게 알아봅니다.

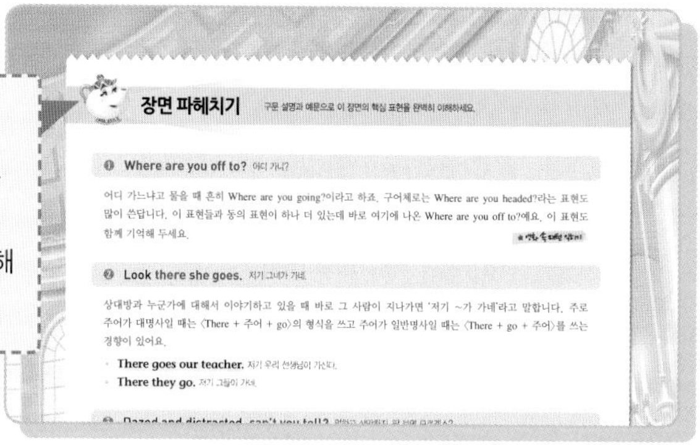

장면 파헤치기 구문 설명과 예문으로 이 장면의 핵심 표현을 완벽히 이해하세요.

❶ Where are you off to? 어디 가니?

어디 가느냐고 물을 때 흔히 Where are you going?이라고 하죠. 구어체로는 Where are you headed?라는 표현도 많이 쓴답니다. 이 표현들과 동의 표현이 하나 더 있는데 바로 여기에 나온 Where are you off to?예요. 이 표현도 함께 기억해 두세요.

❷ Look there she goes. 저기 그녀가 가네.

상대방과 누군가에 대해서 이야기하고 있을 때 바로 그 사람이 지나가면 '저기 ~가 가네'라고 말합니다. 주로 주어가 대명사일 때는 〈There + 주어 + go〉의 형식을 쓰고 주어가 일반명사일 때는 〈There + go + 주어〉를 쓰는 경향이 있어요.

- **There goes our teacher.** 저기 우리 선생님이 가신다.
- **There they go.** 저기 그들이 가네.

영화 속 패턴 익히기

영화에 나오는 패턴을 활용하여 다양한 표현을 만들 수 있습니다. Step1에서 기본 패턴을 익히고, Step2에서 패턴을 응용하고, Step3에서 실생활 대화에서 패턴을 적용하는 훈련을 합니다.

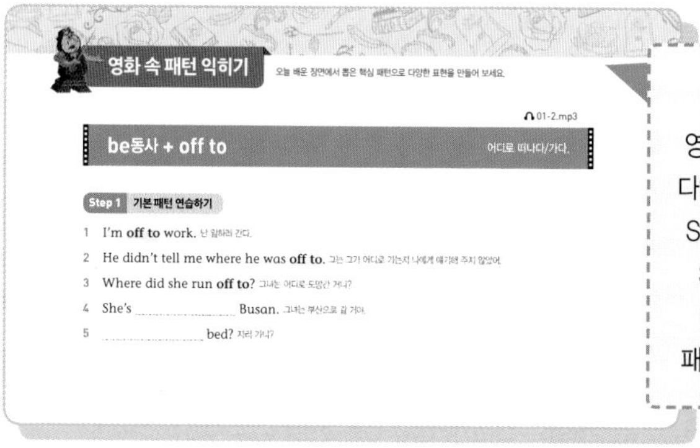

영화 속 패턴 익히기 오늘 배운 장면에서 뽑은 핵심 패턴으로 다양한 표현을 만들어 보세요.

01-2.mp3

be동사 + off to 어디로 떠나다/가다.

Step 1 기본 패턴 연습하기

1 I'm **off to** work. 난 일하러 간다.
2 He didn't tell me where he was **off to**. 그는 그가 어디로 가는지 나에게 얘기해 주지 않았어.
3 Where did she run **off to**? 그녀는 어디로 도망간 거니?
4 She's ______ Busan. 그녀는 부산으로 갈 거야.
5 ______ bed? 자러 가니?

확인학습

오늘 배운 표현과 패턴을 확인해 보는 코너입니다. 문제를 풀며 표현들을 완벽히 내 것으로 만드세요.

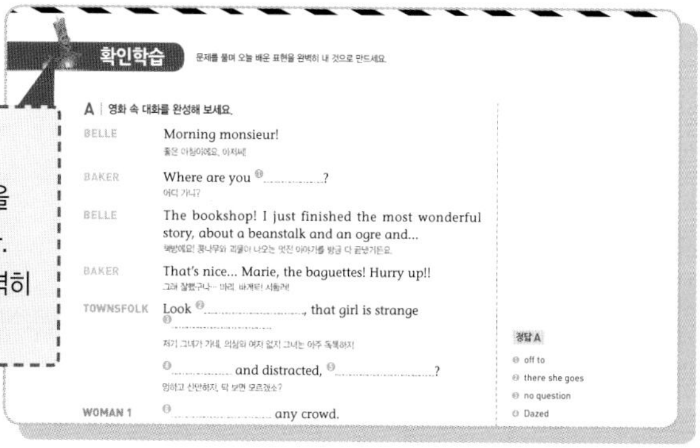

확인학습 문제를 풀며 오늘 배운 표현을 완벽히 내 것으로 만드세요.

A | 영화 속 대화를 완성해 보세요.

BELLE Morning monsieur! 좋은 아침이에요, 아저씨!

BAKER Where are you ❶ ______? 어디 가니?

BELLE The bookshop! I just finished the most wonderful story, about a beanstalk and an ogre and... 책방에요! 콩나무와 괴물이 나오는 멋진 이야기를 방금 다 끝냈거든요.

BAKER That's nice... Marie, the baguettes! Hurry up!! 그래 잘했구나… 마리, 바게트! 서둘러!

TOWNSFOLK Look ❷ ______, that girl is strange ❸ ______. 저기 그녀가 가네. 의심의 여지 없지 그녀는 아주 독특하지!

❹ ______ and distracted, ❺ ______? 멍하고 산만하지, 딱 보면 모르겠소?

WOMAN 1 ❻ ______ any crowd.

정답 A
❶ off to
❷ there she goes
❸ no question
❹ Dazed

차례

C o n t e n t s

Disney

Beauty and the Beast

Day 01

Once Upon a Time, in a Faraway Land...

옛날 옛날에 저 멀고 먼 나라에…

옛날 옛적 저 멀고 먼 나라에… (Once Upon a Time, in a Faraway Land...) 왕자와 공주가 등장하는 동화[fairy tales]의 첫 장면은 대부분 이렇게 시작하죠. 〈미녀와 야수〉 역시, 멀고 먼 나라에 마법에 걸려[bewitched] 야수가 된 왕자의 이야기로 시작됩니다. 한편, 성[castle]과 떨어진 작은 시골 마을[provincial town]에는 아름답고 책을 좋아하는 '벨'이 살고 있어요. 혼자만의 세상에 사는 듯한 독특한 아가씨입니다. 이웃 사람들 역시 그녀는 자신들과 다른 '특이한 사람'이라고 생각하는 눈치네요.

Warm Up! 오늘 배울 표현

오늘 등장하는 표현들입니다. 어떤 표현이 들어가야 할지 생각해 보세요.

* Where are you ______? 어디 가니?
* Look ______ goes. 저기 그녀가 가네.
* Dazed and distracted, ______? 멍하고 산만하지, 딱 보면 모르겠소?
* Her head's ______. 그녀는 몽상가라네.
* No denying she's ______ girl. 그녀가 특이한 처녀라는 건 부정할 수가 없지.

바로 이 장면! 오디오 파일을 듣고 3번 따라 말해보세요.

01-1.mp3

BELLE 벨
Morning monsieur!
좋은 아침이에요, 아저씨!

BAKER 빵집 아저씨
Where are you off to? ❶
어디 가니?

BELLE 벨
The bookshop! I just finished the most wonderful story, about a beanstalk and an ogre and...
책방에요! 콩나무와 괴물이 나오는 멋진 이야기를 방금 다 끝냈거든요.

BAKER 빵집 아저씨
That's nice... Marie, the baguettes! Hurry up!!
그래 잘했구나… 마리, 바게트! 서둘러!

TOWNSFOLK 마을 사람
Look! there she goes. that girl is strange, no question! ❷
Dazed and distracted, can't you tell? ❸
저기 봐! 그녀가 가네, 의심의 여지 없지! 그녀는 아주 독특하지!
멍하고 산만하지, 딱 보면 모르겠소?

WOMAN 1 여자 1
Never part of any crowd.
그 어떤 사람들과도 다르지.

BARBER 이발사
Cause her **head's up on some cloud.** ❹
왜냐면 그녀는 몽상가니까.

TOWNSFOLK 마을 사람
No denying she's a **funny** girl, that Belle! ❺
그녀가 특이한 처녀라는 건 부정할 수가 없지, 바로 그 벨!

장면 파헤치기

구문 설명과 예문으로 이 장면의 핵심 표현을 완벽히 이해하세요.

❶ Where are you off to? 어디 가니?

어디 가느냐고 물을 때 흔히 Where are you going?이라고 하죠. 구어체로는 Where are you headed?라는 표현도 많이 쓴답니다. 이 표현들과 동의 표현이 하나 더 있는데 바로 여기에 나온 Where are you off to?예요. 이 표현도 함께 기억해 두세요.

★ 영화 속 패턴 익히기

❷ Look there she goes. 저기 그녀가 가네.

상대방과 누군가에 대해서 이야기하고 있을 때 바로 그 사람이 지나가면 '저기 ~가 가네'라고 말합니다. 주로 주어가 대명사일 때는 〈There + 주어 + go〉의 형식을 쓰고 주어가 일반명사일 때는 〈There + go + 주어〉를 쓰는 경향이 있어요.

* **There goes our teacher.** 저기 우리 선생님이 가신다.
* **There they go.** 저기 그들이 가네.

❸ Dazed and distracted, can't you tell? 멍하고 산만하지. 딱 보면 모르겠소?

dazed는 충격을 받아서 '멍한' 상태, distracted는 '정신이 산만한'이라는 의미의 형용사예요. Can't you tell?을 직역하면 '말할 수 없겠니?'이지만 실제 의미는 '딱 보면 모르겠니?'랍니다. tell의 쓰임새는 패턴 익히기에서 자세히 보도록 할게요.

★ 영화 속 패턴 익히기

❹ Cause her head's up on some cloud. 왜냐면 그녀는 몽상가니까.

어떤 구름 위에 머리가 있다는 이야기는 '뜬구름 잡는 생각'을 한다는 뜻이겠죠. 그래서, 의역으로 '몽상가'라고 했어요. 이 표현은 약간 다른 형식으로도 쓰이는데, have one's head in the clouds '공상에 잠긴'이라는 표현도 있습니다. 참고로, cloud가 들어간 표현 중 〈be동사 + on cloud nine〉 '너무나도 행복한/기분이 좋은'이라는 관용표현도 같이 알아 두세요.

* She has her **head in the clouds.** 그녀는 몽상에 빠져 있구나.
* **I'm on cloud nine!** 난 지금 행복해 죽겠다.

❺ No denying she's a funny girl. 그녀가 특이한 처녀라는 건 부정할 수가 없지.

No denying은 You cannot deny의 뜻으로 '부정할 수 없다/의심의 여지가 없다'라는 의미예요. 그리고, funny는 주로 '웃기는, 재미있는'이라는 의미로 쓰이지만, 좀 요상하거나 기이하거나 수상쩍은 것을 표현할 때도 쓰인답니다.

* It's **funny** you just happened to be there. 네가 그저 우연히 거기에 있었다니 거참 희한하구나.
* This is really a **funny** situation. 이것 참 정말 묘한 상황일세.

영화 속 패턴 익히기

오늘 배운 장면에서 뽑은 핵심 패턴으로 다양한 표현을 만들어 보세요.

01-2.mp3

be동사 + off to

어디로 떠나다/가다.

Step 1 기본 패턴 연습하기

1 I'm **off to** work. 난 일하러 간다.

2 He didn't tell me where he was **off to**. 그는 그가 어디로 가는지 나에게 얘기해 주지 않았어.

3 Where did she run **off to**? 그녀는 어디로 도망간 거니?

4 She's ______________ Busan. 그녀는 부산으로 갈 거야.

5 ______________ bed? 자러 가니?

Step 2 패턴 응용하기 get off to

1 We **got off to** a good start. 우리는 아주 좋은 출발을 했어.

2 The flight to New York **got off to** a flying start in Incheon Airport.
뉴욕발 비행기가 인천공항에서 순조롭게 출발하였다.

3 This will help you **get off to** a quick start. 이것이 더 빨리 시작할 수 있도록 도움을 줄 거야.

4 The vacation did not ______________. 휴가의 시작이 순조롭게 못 했어.

5 They ______________ in the game. 그들에겐 그 시합의 시작이 순조롭지 않았어.

Step 3 실생활에 적용하기

A 어디 가니?
B I'm off to school. Are you staying home?
A 아니, 나도 이제 회사 갈 준비해야 해.

A Where are you off to?
B 학교 가는 길이야. 넌 집에 있을 거니?
A No, I have to get ready to go to work, too.

정답 Step 1 4 off to 5 Are you off to Step 2 4 get off to a good start 5 got off to a bad start

01-3.mp3

주어 + can tell

딱 보면 알 수 있어.

Step 1 기본 패턴 연습하기

1 **I can tell** by the look on your face. 네 표정을 보면 난 단번에 알 수 있어.

2 **Can you tell** how old he is? 그가 몇 살인지 보고 알 수 있겠니?

3 **We can tell** who the teacher is. 누가 선생인지 우리는 알 수 있어.

4 They ______________ between a low-fat milk and a regular milk.
그들은 저지방 우유와 일반 우유의 차이를 딱 보면 알아.

5 I ______________ you are a fraud. 당신이 사기꾼이라는 걸 난 알 수 있네.

Step 2 패턴 응용하기 | 주어 + can't tell

1 **I can't tell** the difference. 난 그 차이를 모르겠어.

2 **She can't tell** the twins apart. 그녀는 그 쌍둥이를 누가 누군지 분간 못 한다.

3 **Can't you tell** that I got a haircut? 나 머리 자른 것을 몰라보겠어?

4 I ______________ he's lying or not. 그가 거짓말을 하는 것인지 아닌지 분간이 안된다.

5 Are you being sarcastic? Because ______________. 너 비꼬는 거니? 난 정말 모르겠어.

Step 3 실생활에 적용하기

A 넌 진짜 미소와 가짜 미소의 차이를 알 수 있을 것 같니?

B No, I don't think I can. Can you?

A 난 알 수 있어. 가짜 미소는 눈 주변의 근육이 움직이지 않는다고.

A Can you tell the difference between a real and fake smile?

B 아니, 모를 것 같은데. 넌?

A Yes, I can. A fake smile does not involve the muscles surrounding your eyes.

정답 Step 1 4 can tell the difference 5 can tell Step 2 4 can't tell if 5 I can't tell

확인학습

문제를 풀며 오늘 배운 표현을 완벽히 내 것으로 만드세요.

A | 영화 속 대화를 완성해 보세요.

BELLE Morning monsieur!
좋은 아침이에요, 아저씨!

BAKER Where are you ❶ ______?
어디 가니?

BELLE The bookshop! I just finished the most wonderful story, about a beanstalk and an ogre and...
책방에요! 콩나무와 괴물이 나오는 멋진 이야기를 방금 다 끝냈거든요.

BAKER That's nice... Marie, the baguettes! Hurry up!!
그래 잘했구나… 마리, 바게트! 서둘러!

TOWNSFOLK Look! ❷ ______. That girl is strange, ❸ ______!
저기 봐! 그녀가 가네, 의심의 여지 없지! 그녀는 아주 독특하지!

❹ ______ and distracted, ❺ ______?
멍하고 산만하지, 딱 보면 모르겠소?

WOMAN 1 ❻ ______ any crowd.
그 어떤 사람들과도 다르지.

BARBER Cause ❼ ______.
왜냐면 그녀는 몽상가니까.

TOWNSFOLK ❽ ______ she's a ❾ ______, that Belle!
그녀가 특이한 처녀라는 건 부정할 수가 없지, 바로 그 벨!

정답 A

❶ off to
❷ there she goes
❸ no question
❹ Dazed
❺ can't you tell
❻ Never part of
❼ head's up on some cloud
❽ No denying
❾ funny girl

B | 다음 빈칸을 채워 문장을 완성해 보세요.

1 그는 그가 어디로 가는지 나에게 얘기해 주지 않았어.
He didn't tell me where he ______.

2 우리는 아주 좋은 출발을 했어.
We ______ a good start.

3 그가 몇 살인지 보고 알 수 있겠니?
______ how old he is?

4 그녀는 그 쌍둥이 둘 중 누가 누군지 분간을 못 한다.
She ______ the twins apart.

5 그가 거짓말을 하는 것인지 아닌지 분간이 안된다.
______ he's lying or not.

정답 B

1 was off to
2 got off to
3 Can you tell
4 can't tell
5 I can't tell if

Day 02

A Crush on Belle

벨에게 반한 가스통

벨과 같은 마을에 살고 있는 '가스통'은 세상에서 자기가 최고라고 생각하는, 자신감[pride] 넘치는 남자입니다. 가스통은 마을에서 가장 아름다운 벨에게 반했어요[have a crush on]. 벨은 가스통에게 도통 관심이 없지만, 가스통은 벨도 당연히 자신을 좋아할 거라고 믿어 의심치 않죠. 심지어 벨과 결혼할 야심 찬 계획까지 세우고 있어요. 가스통에게는 항상 함께 다니는 친구 '르푸'가 있는데요, 벨에게 뭔가 큰 결점[flaw]이 있는 것처럼 이야기하네요. 왠지 르푸는 가스통이 모르는 뭔가를 알고 있는 것 같아요.

Warm Up! 오늘 배울 표현

오늘 등장하는 표현들입니다. 어떤 표현이 들어가야 할지 생각해 보세요.

* You're ______! 자네는 역시 세상에서 가장 뛰어난 사냥꾼이야!
* No beast alive ______ you. 세상의 그 어떤 짐승도 자네를 상대로 버틸 수 없지.
* And no girl ______! 그 점에서는 여자들도 마찬가지야!
* I've ______ that one! 난 저 여자를 노리고 있다네!
* And don't I ______ the best? 그리고 나 정도되면 최고를 누릴 자격이 되지 않는가?

바로 이 장면!

오디오 파일을 듣고 3번 따라 말해보세요. 02-1.mp3

LEFOU
르푸

Wow! You didn't miss a shot, Gaston! You're **the greatest hunter in the whole world!** ❶
우와! 한 마리도 놓치지 않았네, 가스통! 자네는 세상에서 가장 뛰어난 사냥꾼이야!

GASTON
가스통

I know!
나도 알아!

LEFOU
르푸

Huh. No beast alive **stands a chance** against you ❷ ...and no girl, **for that matter**! ❸
하. 세상의 그 어떤 짐승도 자네를 상대로 버틸 수 없지. 그 점에서는 여자들도 마찬가지고!

GASTON
가스통

It's true, Lefou, and I've **got my sights set on** that one! ❹
맞는 얘기야, 르푸. 그리고 난 저 여자를 노리고 있다네!

LEFOU
르푸

The inventor's daughter?
발명가 영감 딸 말인가?

GASTON
가스통

She's the one! The lucky girl I'm going to marry.
바로 그 여자 말이야! 내가 결혼할 운 좋은 여자.

LEFOU
르푸

But she's—
하지만 그녀는…

GASTON
가스통

The most beautiful girl in town.
이 동네에서 제일 예쁜 처녀지.

LEFOU
르푸

I know—
알지만…

GASTON
가스통

And that makes her the best. And don't I **deserve the best**? ❺
그래서 그녀가 최고인 거지. 그리고 나 정도되면 최고를 누릴 자격이 되지 않는가?

LEFOU
르푸

Well of course, I mean you do, but I mean...
아, 물론, 그러니까 그래 맞아, 하지만 내 말은…

장면 파헤치기

구문 설명과 예문으로 이 장면의 핵심 표현을 완벽히 이해하세요.

❶ You're the greatest hunter in the whole world! 자네는 세상에서 가장 뛰어난 사냥꾼이야!

보통 누군가를 크게 칭찬하고 싶거나, 어떤 일을 과장/강조하고 싶을 때 최상급 문장을 많이 쓰죠. 그런데 특히 더 많이 강조하고 싶을 때 in the whole world를 뒤에 넣어 주세요. '온 세상에서/전 세계에서 가장 ~한'이라는 의미가 되니까요.

★ 영화 속 패턴 익히기

❷ No beast alive stands a chance against you. 세상의 그 어떤 짐승도 자네를 상대로 버틸 수 없지.

stand a chance는 have a chance와 동의표현으로 '~을 할 가능성이 있다'라는 뜻이에요. 긍정문에서 쓸 수도 있지만, stand a chance는 부정문으로 더 많이 쓰인답니다. 뒤에 against someone을 붙이면 '~을 상대로 ~할 가능성이 있다/없다'의 의미가 됩니다.

★ 영화 속 패턴 익히기

❸ And no girl, for that matter! 그 점에서는 여자들도 마찬가지고!

for that matter는 문맥에 따라서 직역하면 '그 일을/문제를 위하여'이지만, 지금처럼 끝에 이 표현이 따로 들어가면 '그 점에 있어서는/대해서는'이라는 의미로 쓰인답니다.

* She wants to go home. And so do I, **for that matter.**
  그녀는 집에 가고 싶어 해. 그런데 그 점에서는 나도 마찬가지야.
* Joe isn't interested in her. Nor was she, **for that matter.**
  조는 그녀에게 관심이 없어. 그녀도 그 점에서는 마찬가지고.

❹ I've got my sights set on that one! 난 저 여자를 노리고 있다네!

자주 쓰이는 표현 중에 have one's hearts set on something '~에 대해 결심하다, 마음을 굳히다'라는 표현이 있는데 이것과 비슷하게 have (got) one's sights set on something/someone은 '~에 눈/시력을 굳히다' 곧 '계속 그것/사람만 보겠다'는 의미가 된답니다.

* She **has her sights set on** winning the gold medal. 그녀는 금메달을 따겠다고 마음먹었어.
* I've **had my sights set on** you. 난 계속 당신만 봐 왔어요.

❺ And don't I deserve the best? 그리고 나 정도되면 최고를 누릴 자격이 되지 않는가?

deserve는 '~을 누릴만한/받을만한 자격이 되다' '~을 해야 마땅하다'라는 의미로 쓰이는 상태 동사예요. 진행형으로는 쓰이지 않으니 조심하세요.

* I don't think I **deserve** you. 당신에겐 제가 너무 부족한 사람이에요.
* Does she **deserve** to win the prize? 그녀가 상을 받을만한 자격이 되나요?

영화 속 패턴 익히기

오늘 배운 장면에서 뽑은 핵심 패턴으로 다양한 표현을 만들어 보세요.

02-2.mp3

The + 최상급 형용사 + 명사 + in the whole world.

온 세상에서 가장 ~한 ~이다.

Step 1 기본 패턴 연습하기

1 My father is **the smartest man in the whole world.** 우리 아빠는 세상에서 가장 똑똑한 사람이야.

2 I'm **the best driver in the whole world.** 내가 세상에서 가장 운전을 잘하는 사람이지.

3 Sue is **the prettiest girl in the whole world.** 수가 세상에서 가장 예쁜 소녀야.

4 This book is ______________________. 이 책은 세상에서 가장 무거운 책이야.

5 I have ______________________. 난 세상에서 가장 다정한 남편과 살고 있다.

Step 2 패턴 응용하기 | the most + 형용사

1 This is **the most wonderful** day of my life. 오늘은 내 생애 최고의 날이야.

2 She has **the most beautiful** eyes in the world. 그녀는 세상에서 가장 아름다운 눈을 가지고 있지.

3 I'll tell you **the most romantic** story I've ever heard. 내가 살면서 들었던 가장 로맨틱한 이야기를 해 줄게.

4 I have ______________ cellphone in my class. 우리 학급에서 내 휴대폰이 가장 비싸.

5 ______________________ is my daughter. 내 인생에서 가장 소중한 것은 내 딸이란다.

Step 3 실생활에 적용하기

A When was the last time you went out to see a movie?

B 내가 본 가장 최근 영화가 '모아나'였던 것 같아.

A Same here. What a coincidence!

A 영화 보러 마지막으로 극장 가본 게 언제니?

B I think the most recent movie I saw was 'Moana'.

A 나도 그건데. 어찌 이런 우연이!

정답 Step 1 4 the heaviest book in the whole world 5 the sweetest husband in the whole world Step 2 4 the most expensive 5 The most important thing in my life

02-3.mp3

stand a chance ~할 가능성이 있다.

Step 1 기본 패턴 연습하기

1 Do I **stand a chance**? 저에게 가능성이 있을까요?

2 You don't **stand a chance** at getting into college. 넌 대학갈 가능성이 없어.

3 Gary doesn't **stand a chance** of surviving. 게리가 살아날 가능성은 없단다.

4 I don't think I ______________ that guy. 저 남자를 상대로는 (이길) 가능성이 없을 것 같아.

5 No one thinks that Dani ______________ in a war against Kiki.
아무도 다니 족이 키키 족을 상대로 전쟁하면 (이길) 가능성이 있다고 생각하지 않아.

Step 2 패턴 응용하기 | have a/any chance

1 She **has a chance** too. 그녀에게도 기회/가능성이 있어.

2 What **kind of chance** do we have against that team?
저 팀을 상대로 우리가 (이길) 가능성이 얼마나 되니?

3 I don't think I **have any chance** in the job world. 구직의 세계에서 난 전혀 기회/가능성이 없는 것 같아.

4 Do you think I ______________ with her?
내가 그녀와 (잘 될/사귈 수 있는) 가능성이 있을 것 같니?

5 This is a game that ______________ of winning.
이 게임은 그 누구도 이길 가능성이 없는 게임이야.

Step 3 실생활에 적용하기

A 내가 1등 할 가능성이 있을 것 같니?

B No, not at all.

A 왜 이렇게 부정적이니? 너한테 보여주기 위해서라도 1등 할 거야.

A Do you think I stand a chance of winning first place?

B 아니, 전혀.

A Why are you being so negative? I think I'm going to win just to show you that I can.

정답 Step 1 4 stand a chance against 5 stands a chance Step 2 4 have a chance 5 no one has a chance

확인학습

문제를 풀며 오늘 배운 표현을 완벽히 내 것으로 만드세요.

A | 영화 속 대화를 완성해 보세요.

LEFOU Wow! You didn't miss a shot, Gaston! You're ❶ ____!
우와! 한 마리도 놓치지 않았네, 가스통! 자네는 세상에서 가장 뛰어난 사냥꾼이야!

GASTON I know! 나도 알아!

LEFOU Huh. No beast alive ❷ ____________________ you ...and no girl, ❸ ________________!
하, 세상의 그 어떤 짐승도 자네를 상대로 버틸 수 없지. 그 점에서는 여자들도 마찬가지고!

GASTON ❹ ________, Lefou, and ❺ ____________________ on that one! 맞는 얘기야, 르푸, 그리고 난 저 여자를 노리고 있다네!

LEFOU The inventor's daughter? 발명가 영감 딸 말인가?

GASTON She's the one! The lucky ❻ ____________________.
바로 그 여자 말이야! 내가 결혼할 운 좋은 여자.

LEFOU But she's— 하지만 그녀는…

GASTON The ❼ ________________________. 이 동네에서 제일 예쁜 처녀지.

LEFOU I know— 알지만…

GASTON And that ❽ ____________________. And don't ❾ ____________________?
그래서 그녀가 최고인 거지. 그리고 나 정도되면 최고를 누릴 자격이 되지 않는가?

LEFOU Well ❿ ____________________, but I mean...
아, 물론, 그러니까 그래 맞아. 하지만 내 말은…

B | 다음 빈칸을 채워 문장을 완성해 보세요.

1 이 책은 세상에서 가장 무거운 책이야.
This book is the ____________________________.

2 난 세상에서 가장 다정한 남편과 살고 있다.
I have the ____________________________.

3 내 인생에서 가장 소중한 것은 내 딸이란다.
The ____________________________ is my daughter.

4 저 남자를 상대로는 (이길) 가능성이 없을 것 같아.
I don't think I ____________________________ that guy.

5 이 게임은 그 누구도 이길 가능성이 없는 게임이야.
This is a game that ____________________________ winning.

정답 A

❶ the greatest hunter in the whole world
❷ stands a chance against
❸ for that matter
❹ It's true
❺ I've got my sights set
❻ girl I'm going to marry
❼ most beautiful girl in town
❽ makes her the best
❾ I deserve the best
❿ of course, I mean you do

정답 B

1 heaviest book in the whole world
2 sweetest husband in the whole world
3 most important thing in my life
4 stand a chance against
5 no one has a chance of

Day 03

Papa, the Inventor

아빠는 발명가

벨의 아빠 '모리스'는 자칭 발명가[inventor]예요. 요상한 물건을 만들어내며 대단한 것을 발명하겠다고 하는 통에 동네 사람들은 그를 살짝 정신 나간 사람[a lunatic] 취급을 합니다. 하지만 효녀 벨은 아빠가 언젠가는 세계적으로 유명한 발명가가 될 거라며 응원한답니다. 벨이 동네에 얘기를 나눌 만한 친구가 없다는 고민을 털어놓자, 모리스가 가스통에 대해 얘기합니다. 무례하긴[obnoxious] 해도 동네에서 가장 잘생기고[good-looking] 건장한[brawny] 청년이니까요. 가스통의 무식함과 무례함을 잘 아는 벨은 무척 난처해 합니다. 그 순간, 모리스가 심혈을 기울인 드디어 발명품이 완성됩니다!

Warm Up! 오늘 배울 표현

오늘 등장하는 표현들입니다. 어떤 표현이 들어가야 할지 생각해 보세요.

- It's just I'm not sure ______. 그냥 제가 이 동네에 어울리는 사람인지 알 수 없어서 그래요.
- ______ really talk to. 같이 이야기를 나눌만한 사람이 한 명도 없거든요.
- He's handsome ______, and rude and conceited. 잘생겼기야 하죠, 게다가 무례하고 잘난 척하고.
- Let's ______. 이제 한번 시도해 보자.
- It ______! 잘 돼요!

바로 이 장면!

오디오 파일을 듣고 3번 따라 말해보세요. 03-1.mp3

BELLE
벨

Oh, I don't know. It's just I'm not sure I **fit in** here. ❶ **There's no one I can really talk to.** ❷

오, 잘 모르겠어요. 그냥 제가 이 동네에 어울리는 사람인지 알 수 없어서 그래요. 같이 이야기를 나눌 만한 사람이 한 명도 없거든요.

MAURICE
모리스

What about that Gaston? He's a handsome fellow!

가스통은 어때? 그 사람 아주 잘생겼던데!

BELLE
벨

He's handsome all right, and rude and conceited and...Oh Papa, he's not for me! ❸

잘생겼기야 하죠, 게다가 무례하고 잘난 척하고 그리고… 아유 아빠, 그 사람은 저하고는 안 맞아요!

MAURICE
모리스

Well, don't you worry, cause this invention's going to be the start of a new life for us. I think that's done it. Now, **let's give it a try.** ❹

그래, 걱정하지 말아라. 왜냐하면 이 발명품이 우리에게 새로운 삶을 가져다 줄 테니 말이다. 다 완성된 것 같구나. 자 이제 한번 시도해 볼까.

BELLE
벨

It works! ❺

잘 돼요!

MAURICE
모리스

It does? It does!

정말? 정말 그러네!

BELLE
벨

You did it! You really did it!

아빠가 해내셨어요! 아빠가 정말 해내셨다고요!

장면 파헤치기 구문 설명과 예문으로 이 장면의 핵심 표현을 완벽히 이해하세요.

❶ It's just I'm not sure I fit in here. 그냥 제가 이 동네에 어울리는 사람인지 알 수 없어서 그래요.

fit은 주로 옷이 딱 맞는다는 뜻인데, 이외에도 운동을 많이 해서 몸이 좋은 사람을 보고 You look fit.이라고 말하기도 합니다. 또한, 위의 표현처럼 fit 뒤에 in을 더해서 자연스럽게 다른 사람들과 혹은 처한 환경에 '잘 어울리다/어우러지다/맞다'의 의미로도 많이 쓰인답니다.

* He won't **fit in** with the other people. 그는 다른 사람들과 잘 어울리지 않을 거야.
* I will try my best to **fit in**. 나는 다른 사람들과 어우러지려고 최선을 다할 거야.

❷ There's no one I can really talk to. 같이 이야기를 나눌 만한 사람이 한 명도 없거든요.

〈There's no one I can ~〉은 '내가 ~할 수 있는 사람이 하나도 없다'는 패턴으로 특히 내가 '어울릴 만한/믿을 수 있는/소통할 수 있는 사람'이 하나도 없어서 외로움을 호소할 때 쓰는 표현이지요.

★영화 속 패턴 익히기

❸ He's handsome all right, and rude and conceited and... 잘생겼기야 하죠, 게다가 무례하고 잘난 척하고 그리고…

상대방의 말을 반복하면서 비아냥거리는 뉘앙스로 '그래 분명 네 말이 맞긴 한데' '물론 그렇게 말할 수도 있겠지만'과 같이 말할 때 형용사 뒤에 all right를 넣어서 표현한답니다.

* He's smart **all right**, but he doesn't have common sense. 그가 똑똑하긴 하지만 상식이 부족해.
* Stella is rich **all right**, but she never buys anything for me.
  스텔라가 부자인 건 맞는데 나한테 뭘 사준 적은 단 한 번도 없어.

❹ Let's give it a try. 이제 한번 시도해 볼까.

무엇을 '시도하다'라고 할 때 가장 많이 쓰는 표현이 try이지요. 비슷한 의미로 give a try '시도해/도전해 보다'와 같은 관용표현도 있습니다. 같은 상황에서 give it a shot 혹은 give it a go와 같은 표현들도 많이 쓰인다는 것도 알아두면 좋아요.

★영화 속 패턴 익히기

❺ It works! 잘 돼요!

work는 '일하다'라는 의미 이외에도 기계나 장치 등이 '작동되다/기능하다' 혹은 어떤 것을 시도했을 때 원하는 '효과가 나다/있다'라는 의미로도 많이 쓰이는 동사예요. 평상시에 아주 유용하게 쓸 수 있는 단어니까 예문을 많이 보면서 그 쓰임을 꼭 익혀두도록 하세요.

* This key doesn't **work**. 이 열쇠 안 되는데. (문이 안 열려)
* The advice you gave me **worked**. 네가 나에게 해준 조언이 효과가 있었어.

영화 속 패턴 익히기

오늘 배운 장면에서 뽑은 핵심 패턴으로 다양한 표현을 만들어 보세요.

03-2.mp3

There's no one I can + 동사 + (전치사).

내가 ~할 수 있는 사람이 하나도 없다.

Step 1 기본 패턴 연습하기

1 **There's no one I can** trust. 내가 신뢰할 수 있는 사람이 하나도 없구나.

2 **There's no one I can** relate to. 내가 관련지을 수 있는 사람이 전혀 없어.

3 **There's no one I can** rely on. 내가 의지할 만한 사람이 하나도 없네.

4 ______________________ this to. 내가 이 말을 해줄 수 있는 사람이 아무도 없지.

5 __________________ turn to. 어려운 일이 있을 때 내가 찾아갈 수 있는 사람이 하나도 없다.

Step 2 패턴 응용하기 | There's no one + 주어 + 동사 (or 조동사 + 동사) + (전치사)

1 **There's no** one he can call. 그가 전화할 수 있는 사람은 아무도 없다.

2 **There's no** one we can sell this to. 우리가 이것을 팔 수 있는 대상은 아무도 없어.

3 **There's no** one I really care about. 내가 정말 관심 있는 사람은 없지.

4 ______________________ to see. 그녀가 보고 싶어 하는 사람은 없어.

5 ______________________ absolutely count on. 네가 절대적으로 믿고 의지할 사람은 없어.

Step 3 실생활에 적용하기

A 내가 더 이상 손을 뻗을 수 있는 사람은 없어.

B Why not?

A 왜냐하면 내가 모두에게 신뢰를 잃었거든.

A There's no one I can reach out to anymore.

B 왜 없어?

A Because everybody lost trust in me.

정답 Step 1 4 There's no one I can say 5 There's no one I can Step 2 4 There's no one she wants 5 There's no one you can

03-3.mp3

give it a try ~을 시도/도전해 보다.

Step 1 기본 패턴 연습하기

1 Why don't you **give it a try**? 한번 시도해 보는 게 어때?

2 Just **give it a try**. It may work. 한번 시도해 봐. 될지도 모르잖아.

3 **Give it a try** and see what happens. 한번 시도해서 어떻게 되는지 봐봐.

4 I say you ______________ you may be better than you think.
내 생각엔 네가 도전해 보는 것도 좋을 것 같아. 왜냐하면 네 생각보다 네가 더 잘할지도 모르거든.

5 It wouldn't hurt ______________. 시도해서 손해 될 건 없잖아.

Step 2 패턴 응용하기 | give + 목적어 + a try/shot/go

1 I'm going to **give myself a try**. 난 나 자신에게 시도할 기회를 줄 거야.

2 Let's **give this challenge a try**. 이 도전을 한번 시도해 보자.

3 I **gave it a shot** but I failed. 한번 시도해 봤는데 실패했어.

4 Go ahead and ______________ go. 그래 한번 도전해 봐.

5 Nobody ______________ a shot. 그에게 도전할 기회를 주고 싶어 하는 사람이 아무도 없네.

Step 3 실생활에 적용하기

A You want to go to Harvard? I didn't know you were that smart.
B 별로 똑똑하진 않지만, 그래도 한번 도전해 보고 싶어서.
A Good luck!

A 너 하버드 가고 싶다며? 네가 그렇게 똑똑한지 몰랐어.
B I'm not really smart but I want to give it a shot.
A 행운을 빌게!

정답 Step 1 4 give it a try because 5 to give it a try Step 2 4 give it a 5 wants to give him

확인학습 문제를 풀며 오늘 배운 표현을 완벽히 내 것으로 만드세요.

A | 영화 속 대화를 완성해 보세요.

BELLE Oh, I don't know. It's just I'm not sure ❶ __________. There's ❷ __________.
오, 잘 모르겠어요. 그냥 제가 이 동네에 어울리는 사람인지 알 수 없어서 그래요. 같이 이야기를 나눌 만한 사람이 한 명도 없거든요.

MAURICE ❸ __________ that Gaston? He's a handsome fellow!
가스통은 어때? 그 사람 아주 잘생겼던데!

BELLE He's handsome ❹ __________, and rude and ❺ __________ and...Oh Papa, he's not for me!
잘생겼기야 하죠. 게다가 무례하고 잘난 척하고 그리고… 아유 아빠, 그 사람은 저하고는 안 맞아요!

MAURICE Well, don't you worry, cause this invention's going to be the ❻ __________. I think ❼ __________. Now, let's ❽ __________.
그래, 걱정하지 말아라. 왜냐하면 이 발명품이 우리에게 새로운 삶을 가져다 줄 테니 말이다. 다 완성된 것 같구나. 자 이제 한번 시도해 볼까.

BELLE ❾ __________!
잘 돼요!

MAURICE It does? It does!
정말? 정말 그러네!

BELLE You did it! ❿ __________!
아빠가 해내셨어요! 아빠가 정말 해내셨다고요!

정답 A

❶ I fit in here
❷ no one I can really talk to
❸ What about
❹ all right
❺ conceited
❻ start of a new life for us
❼ that's done it
❽ give it a try
❾ It works
❿ You really did it

B | 다음 빈칸을 채워 문장을 완성해 보세요.

1 내가 의지할 만한 사람이 하나도 없네.
There's __________.

2 그녀가 보고 싶어 하는 사람은 없어.
There's __________ see.

3 한번 시도해서 어떻게 되는지 봐봐.
__________ see what happens.

4 시도해서 손해 될 건 없잖아.
It wouldn't __________.

5 그에게 도전할 기회를 주고 싶어 하는 사람이 아무도 없네.
Nobody __________ a shot.

정답 B

1 no one I can rely on
2 no one she wants to
3 Give it a try and
4 hurt to give it a try
5 wants to give him

Day 04

Maurice in the Castle

성안에 들어간 모리스

발명품을 평가받기 위해 박람회[fair]에 가려고 집을 나선 모리스는 그만 숲에서 길을 잃고[get lost] 마네요. 아주 음침하고 기괴한[grotesque] 느낌이 감도는 숲이에요. 흉물스럽게[hideous] 생긴 나무들과 무서운 박쥐 떼, 게다가 곳곳에 도사리고 있는 늑대들까지! 모리스가 타고 온 말, 필립이 놀라서 혼자 도망가 버리고[ran off] 말았어요. 혼자 남은 모리스는 길을 헤매다 늑대들에게 쫓기기 시작합니다. 다급한 마음에 눈앞에 나타난 큰 성문을 열고 들어가는데요, 모리스는 과연 무사할 수 있을까요?

Warm Up! 오늘 배울 표현

오늘 등장하는 표현들입니다. 어떤 표현이 들어가야 할지 생각해 보세요.

* ________ there? 누구 있어요?
* Old fellow ________ lost his way in the woods. 노인네가 숲에서 길을 잃으셨나 보네.
* Keep ________ ! 조용히 해!
* ________ , Lumiere. 아무 말도 하지 마, 뤼미에르.
* I ________ , but … 침입하려는 의도는 아니에요, 하지만…

바로 이 장면!

오디오 파일을 듣고 3번 따라 말해보세요. 04-1.mp3

MAURICE 모리스

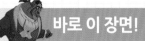

Help! **Is someone there?** ❶

도와주세요! 누구 있어요?

MAURICE 모리스

Hello? Hello?

여보세요? 여보세요?

LUMIERE 뤼미에르

Old fellow **must have** lost his way in the woods. ❷

노인네가 숲에서 길을 잃으셨나 보네.

COGSWORTH 콕스워스

Keep quiet! ❸ Maybe he'll go away.

조용히 해! 내버려 두면 그냥 갈지도 몰라.

MAURICE 모리스

Is someone there?

누구 계신가요?

COGSWORTH 콕스워스

Not a word, Lumiere. Not one word! ❹

아무 말도 하지 마, 뤼미에르. 한마디도!

MAURICE 모리스

I don't mean to intrude, **but** I've lost my horse and I need a place to stay for the night. ❺

침입하려는 의도는 아니에요. 하지만 제가 말을 잃어버려서 오늘 하룻밤 묵어갈 곳이 필요해요.

장면 파헤치기

구문 설명과 예문으로 이 장면의 핵심 표현을 완벽히 이해하세요.

❶ Is someone there? 누구 있어요?

집이나 사무실, 가게와 같이 누군가 살거나 일하고 있을 만한 곳에 문을 열고 들어갔는데 당장 아무도 눈에 띄지 않을 때 보통 이렇게 말하죠. '여기 누구 없나요?' '누구 계신가요?' 그때 흔히 쓰는 표현이에요.

* Hello, **is someone there?** Please, help me! 여보세요, 누구 계신가요? 제발 절 도와주세요!
* **Is someone there?** Please, answer me. 누구 있나요? 대답해 주세요.

❷ Old fellow must have lost his way in the woods. 노인네가 숲에서 길을 잃으셨나 보네.

must have lost something은 '~을 잃었나 보다/분명 ~을 잃었음이 틀림없다'라는 의미예요. 〈must have + 과거분사〉의 쓰임을 어려워할 수 있는데 이 표현은 실제 생활에서도 많이 쓰인답니다. 패턴으로 접근해서 최대한 많은 문장을 써서 익숙해지셔야 해요.

★영화 속 패턴 익히기

❸ Keep quiet! 조용히 해!

조용히 하라고 할 때 가장 먼저 떠오르는 표현은 보통 Be quiet!이죠? 동사를 keep으로 바꿔서 keep quiet!이라고 쓰기도 한답니다. 더 자세히 설명하자면, 시끄러우니 조용히 하라고 할 때는 be quiet을 더 많이 쓰고, 은밀한 사항 혹은 비밀에 대해서 괜히 발설하지 말고 조용히 있으라고 할 때는 keep quiet을 주로 쓴답니다.

* **Keep quiet** about the plan. 그 계획에 대해서 함구해라.
* You need to **keep quiet** about me being fired. 내가 해고당한 것에 대해서 말하면 안 돼.

❹ Not a word, Lumiere. 아무 말도 하지 마, 뤼미에르.

어떤 사실에 대해 함구하라고 하고 다시금 당부할 때 혹은 아이가 부모에게 자꾸 떼를 써서 꾸짖을 때 이 표현을 써요. '단 한마디도' 안 했다며 강조할 때도 쓸 수 있어요.

* Don't say anything. **Not a word.** 아무 말도 하지 마. 단 한마디도.
* I said nothing. **Not a word.** 난 아무 말도 안 했어. 단 한마디도.

❺ I don't mean to intrude, but I've lost my horse and I need a place to stay for the night. 침입하려는 의도는 아니에요, 하지만 제가 말을 잃어버려서 오늘 하룻밤 묵어갈 곳이 필요해요.

내 생각에 상대방이 원하지 않을만한 행동을 했을 때 상대방에게 양해를 구하며 '~을 하려는 의도는 아니지만'이라는 표현을 할 때 쓰는 패턴이에요. 여기서 mean은 '~을 의도하다/뜻하다/작정하다'라는 의미예요.

★영화 속 패턴 익히기

영화 속 패턴 익히기

오늘 배운 장면에서 뽑은 핵심 패턴으로 다양한 표현을 만들어 보세요.

04-2.mp3

주어 + must have lost + 목적어. 잃었음이 틀림없다.

Step 1 기본 패턴 연습하기

1 You **must have lost** your wallet. 지갑을 잃어버렸나 보구나.

2 Nancy **must have lost** her memory. 낸시가 기억을 잃었나 봐.

3 My fiancé **must have lost** his engagement ring. 내 약혼자가 약혼반지를 잃어버렸나 봐.

4 Superman ______________ all of his superpowers. 슈퍼맨이 자신의 슈퍼파워를 모두 잃었나 봐.

5 Dan ______________ the keys to his house. 댄이 집 열쇠들을 잃어버렸나 봐.

Step 2 패턴 응용하기 | must have + 과거분사

1 She **must have known** you for a long time. 그녀가 너와 오랫동안 알고 지낸 사이인가 보네.

2 You **must have told** him about last night's incidence. 네가 어젯밤 일을 그에게 말했나 보구나.

3 Tina **must have had** a crush on you. 티나가 너에게 반했었던 것이 분명해.

4 Vivian ______________ your name. 비비안이 네 이름을 잊어버린 것 같아.

5 Ryan ______________ in high school. 라이언은 분명히 고등학교 때 인기가 좋았을 거야.

Step 3 실생활에 적용하기

A 나랑 팀이랑 사귄다고 누가 얘기해 준거니?

B I can't tell you.

A 데이빗이 얘기해 줬나 보구나.

A Who told you that I'm going out with Tim?

B 말해줄 수 없어.

A David must have told you.

정답 Step 1 4 must have lost 5 must have lost Step 2 4 must have forgotten 5 must have been popular

04-3.mp3

I don't mean to intrude, but... 방해하려는 의도는 아니지만…

Step 1 기본 패턴 연습하기

1 **I don't mean to intrude, but** this is an emergency. 제 마음대로 들어와서 죄송하지만, 응급상황이라서요.

2 **I don't mean to intrude, but** I need someone to help. 방해해서 미안하지만, 도움이 필요해서요.

3 **I don't mean to intrude, but** you have a phone call. 막 들어와서 미안하지만, 선생님께 전화가 와서요.

4 ______________________ help overhearing.
방해해서 죄송한데, 엿들으려고 했던 건 아니고 그쪽에서 하는 얘기가 자꾸 들려서요.

5 ______________________ I really need to know your name.
제 맘대로 들어와서 죄송하지만, 정말 당신의 이름을 알고 싶어요.

Step 2 패턴 응용하기 | I don't meant to + 동사, but

1 **I don't mean to offend you, but** that tie just isn't for you.
기분 나쁘게 듣지는 않았으면 좋겠는데, 그 넥타이는 정말 안 어울리네요.

2 **I don't mean to be rude, but** I don't have time for your story.
무례하게 들릴진 모르겠지만, 당신 이야기를 들어줄 시간이 없네요.

3 **I don't mean to brag, but** I won the first prize. 자랑하려고 하는 얘기는 아닌데, 나 1등 상 받았어.

4 ______________________ do you have a minute?
귀찮게 하려는 의도는 아니지만, 혹시 잠깐 시간 있으세요?

5 ______________________, but do you know where the restroom is?
말씀 중간에 끼어들어서 죄송한데, 혹시 화장실 어디에 있는지 아세요?

Step 3 실생활에 적용하기

A I'm going to go to Harvard.
B 네 기분 상하게 하려는 건 아니지만, 그건 너무 비현실적이지 않니?
A There's a saying, 'Set your goals high, and don't stop till you get there.'

A 난 하버드 갈 거야.
B I don't mean to make you feel bad, but isn't that too unrealistic?
A 이런 격언이 있지. '목표는 높이 세우고 그 목표를 이룰 때까지 멈추지 말아라.'

정답 Step 1 4 I don't mean to intrude, but I couldn't 5 I don't mean to intrude, but Step 2 4 I don't mean to bother you, but 5 I don't mean to interrupt

확인학습

문제를 풀며 오늘 배운 표현을 완벽히 내 것으로 만드세요.

A | 영화 속 대화를 완성해 보세요.

MAURICE Help! ❶ ______________________? 도와주세요! 누구 있어요?

MAURICE Hello? Hello? 여보세요? 여보세요?

LUMIERE Old fellow ❷ ______________________ his way in the woods. 노인네가 숲에서 길을 잃으셨나 보네.

COGSWORTH ❸ ________________! Maybe he'll ❹ ________________. 조용히 해! 내버려 두면 그냥 갈지도 몰라.

MAURICE Is someone there? 누구 계신가요?

COGSWORTH ❺ ________________, Lumiere. Not one word! 아무 말도 하지 마. 뤼미에르. 한마디도!

MAURICE ❻ ______________________ intrude, but I've lost my horse and ❼ ______________________ to stay for the night. 침입하려는 의도는 아니에요. 하지만 제가 말을 잃어버려서 오늘 하룻밤 묵어갈 곳이 필요해요.

B | 다음 빈칸을 채워 문장을 완성해 보세요.

1 비비안이 네 이름을 잊어버린 것 같아.
Vivian ______________________________ your name.

2 라이언은 분명히 고등학교 때 인기가 좋았을 거야.
Ryan ______________________________ in high school.

3 무례하게 들릴진 모르겠지만, 당신 이야기를 들어줄 시간이 없네요.
______________________________ rude, __________ I don't have time for your story.

4 자랑하려고 하는 얘기는 아닌데, 나 1등 상 받았어.
I don't ______________________________ I won the first prize.

5 귀찮게 하려는 의도는 아니지만, 혹시 잠깐 시간 있으세요?
I don't ______________________________ you have a minute?

정답 A

❶ Is someone there
❷ must have lost
❸ Keep quiet
❹ go away
❺ Not a word
❻ I don't mean to
❼ I need a place

정답 B

1 must have forgotten
2 must have been popular
3 I don't mean to be / but
4 mean to brag, but
5 mean to bother you, but do

Day 05

An Unwelcomed Guest

반갑지 않은 손님

시계, 촛대, 찻잔이 사람처럼 말을 하는 신기한 성에 들어간 모리스는 어리둥절해bewildered 합니다. 하지만 이내 그들의 환대hospitality와 친절에 마음을 놓죠. 그러나 그것도 잠시, 성의 주인이 나타나자 모두가 공포에 사로잡히네요. 성의 주인은 다름 아닌, 괴물의 모습을 한 데다가 성격도 포악한atrocious 야수입니다. 야수는 모리스를 무단 침입자intruder로 몰아세우고 성의 고립된isolated 방에 가두어 버립니다. 심약하고 나이 든 모리스가 이 험한 상황을 잘 견뎌낼 수 있을지 걱정이네요.

Warm Up! 오늘 배울 표현

오늘 등장하는 표현들입니다. 어떤 표현이 들어가야 할지 생각해 보세요.

* I was against this ＿＿＿＿＿＿. 저는 사실 처음부터 이 일에 반대했답니다.
* You ＿＿＿＿＿＿ here! 여긴 네가 올 곳이 아니야!
* What are ＿＿＿＿＿＿? 뭘 쳐다봐?
* So, ＿＿＿＿＿＿ stare at the beast, have you? 그래서 야수를 보려고 온 거지, 그렇지?
* Please, I meant ＿＿＿＿＿＿! 제발요. 폐를 끼칠 생각은 아니었어요!

바로 이 장면!

오디오 파일을 듣고 3번 따라 말해보세요. 05-1.mp3

COGSWORTH 콕스워스

Master, I'd like to take this moment to say...I was against this **from the start**. [1] I tried to stop them, but would they listen to me? No, no, no!

주인님, 이 시간을 빌려 한 말씀 올리자면… 저는 사실 처음부터 이 일에 반대했답니다. 제가 그들을 말리려고 했지만, 그들이 제 말을 듣겠습니까? 아니죠, 아니에요, 아니라고요!

BEAST 야수

Who are you? What are you doing here?

넌 누구냐? 여기서 뭐 하는 거야?

MAURICE 모리스

I was lost in the woods and...

제가 숲속에서 길을 잃어서…

BEAST 야수

You are not welcome here! [2]

여긴 네가 올 곳이 아니야!

MAURICE 모리스

I'm sorry.

죄송합니다.

BEAST 야수

What are you staring at? [3]

뭘 쳐다봐?

MAURICE 모리스

Noth-noth-nothing!

아무, 아무, 아무것도 안 봐요!

BEAST 야수

So, **you've come to** stare at the beast, have you? [4]

그래서, 야수를 보려고 온 거지, 그렇지?

MAURICE 모리스

Please, **I meant no harm!** [5] I just needed a place to stay.

제발요, 폐를 끼칠 생각은 아니었어요! 쉴 곳이 필요했을 뿐입니다.

장면 파헤치기 구문 설명과 예문으로 이 장면의 핵심 표현을 완벽히 이해하세요.

❶ I was against this from the start. 저는 사실 처음부터 이 일에 반대했답니다.

'애초에, 처음부터'와 같은 의미를 넣어 문장을 만들고 싶을 때 유용한 표현이에요. from the start대신 from the beginning이라고 써도 무방하고, 또한 in the first place도 같은 상황에서 자주 쓰인답니다.

★ 영화 속 패턴 익히기

❷ You are not welcome here! 여긴 네가 올 곳이 아니야!

Welcome은 두 가지 대표적인 표현이 있죠. You're welcome. '천만에요' Welcome! '환영해요!'라고 쓰이는데요. 우선, 환영한다는 welcome은 원래 You are welcome.에서 you are가 생략된 표현이랍니다. 그래서 You are not welcome.은 '널 환영하지 않아/네가 여기에 오는 걸 우리 반기지 않아'라는 의미가 되지요.

* **You are not welcome** in my house. 네가 우리 집에 오는 걸 원하지 않아.
* **Jack is not welcome** anywhere in this town. 잭은 이 마을의 그 어느 곳에서도 환영받지 못한다.

❸ What are you staring at? 뭘 쳐다봐?

반감의 뉘앙스로 '뭘 쳐다봐?' 라고 할 때 동사 stare를 쓰고, 단순히 궁금해서 '너 지금 뭘 보니?'라고 할 때는 동사를 look으로 써서 What are you looking at?이라고 합니다. 〈What are you + 동사-ing + 전치사〉 '너 지금 ~하는 거니?' 패턴을 익혀 두세요.

★ 영화 속 패턴 익히기

❹ So, you've come to stare at the beast, have you? 그래서, 야수를 보려고 온 거지, 그렇지?

'~을 하러 왔다'라고 할 때는 단순 과거형을 써서 came to로 문장을 시작할 수도 있고 위의 문장에서처럼 have come to로 시작해도 괜찮아요. 여기에서는 have come to로 쓰인 만큼 예문을 이와 같은 형식으로 써서 연습해 볼게요.

* Have **you come to** say goodbye? 작별 인사를 하러 오셨나요?
* **I've come to** bargain with you. 당신과 흥정하려고 왔어요.

❺ Please, I meant no harm! 제발요, 폐를 끼칠 생각은 아니었어요!

상대방이 기분 나빠할 만한 행동을 했거나 그런 상황일 때 〈I meant no + 명사(harm, disrespect, offense)〉 형태로 써서 '무례하게 굴/기분 나쁘게 할/폐를 끼칠 의도는 없었어요'라고 표현합니다.

* **I meant no disrespect.** 결례됐다면 죄송해요, 그럴 의도는 아니었어요.
* **I meant no offense.** 기분 나쁘게 할 생각은 아니었어요.

영화 속 패턴 익히기

오늘 배운 장면에서 뽑은 핵심 패턴으로 다양한 표현을 만들어 보세요.

05-2.mp3

from the start

애당초, 애초에, 처음부터

Step 1 기본 패턴 연습하기

1 I knew this wasn't going to work **from the start.** 난 처음부터 이게 안 될 거라는 걸 알고 있었어.

2 Didn't I tell you that you shouldn't trust that guy **from thc start**?
내가 처음부터 그 놈은 믿어서는 안 된다고 얘기했잖니?

3 **From the start**, I thought that she was different from any of us.
맨 처음부터 그녀는 우리와는 다르다고 생각했었지.

4 You should've told me about that ______________. 그 얘기를 내게 처음부터 했었어야지.

5 There was no chance for us to ______________. 처음부터 우리에겐 이길 가능성이 없었어.

Step 2 패턴 응용하기 | in the first place

1 You shouldn't have been there **in the first place.** 애초에 넌 거기에 가지 말았어야 했어.

2 Why have you not listened to me **in the first place**? 애당초 왜 내 말을 안 들은 거니?

3 We should have stopped him **in the first place.** 애초에 그를 막았어야 했어.

4 It wouldn't have ______________. 어차피 애초부터 상관없었을 거야.

5 We should never have agreed to do ______________.
애초에 이것을 하겠다고 절대 동의하지 말았어야 했는데.

Step 3 실생활에 적용하기

A 나 직장 그만뒀어.

B Good for you! You never liked that job anyway.

A 애초에 거기서 일을 하지 말았어야 했어.

A I quit my job.

B 잘했어! 너 어차피 그 직장 너무 싫어했잖아.

A I should never have worked there in the first place.

정답 Step 1 4 from the start 5 win from the start Step 2 4 mattered in the first place 5 this in the first place

05-3.mp3

What are you + 동사-ing + 전치사? 너 지금 ~하는 거니?

Step 1 기본 패턴 연습하기

1 **What are you** looking at? 뭘 보고 있니?

2 **What are you** talking about? 무슨 얘길 하는 거니?

3 **What are you** moping about? 무엇 때문에 침울해 있니?

4 ______________________ referring to? 무엇에 대해서 언급하는 거니?

5 ______________________ for? 뭘 기다리고 있니?

Step 2 패턴 응용하기 | 의문사 + are you + 동사-ing + 전치사?

1 **Who are you** talking to? 누구하고 대화하는 거니?

2 **What are you** studying for? 무슨 공부하는 거니?

3 **When are you** coming back? 언제 돌아오니?

4 ______________________ meeting with? 누구랑 만나는 거야?

5 ______________________ out? 언제 이사 가니?

Step 3 실생활에 적용하기

A You know who I'm talking about, don't you?

B 누구에 대해서 언급하는 거니?

A Sally.

A 내가 누구 얘기하는 건지 알겠지, 그렇지?

B Who are you referring to?

A 샐리.

정답 Step 1 4 What are you 5 What are you waiting Step 2 4 Who are you 5 When are you moving

확인학습

문제를 풀며 오늘 배운 표현을 완벽히 내 것으로 만드세요.

A | 영화 속 대화를 완성해 보세요.

COGSWORTH Master, I'd like to ❶ ________________ ...I was against this ❷ ________________. I tried to stop them, but would they listen to me? No, no, no!
주인님, 이 시간을 빌려 한 말씀 올리자면… 저는 사실 처음부터 이 일에 반대했답니다. 제가 그들을 말리려고 했지만, 그들이 제 말을 듣겠습니까? 아니죠, 아니에요, 아니라고요!

BEAST Who are you? ❸ ________________ here?
넌 누구냐? 여기서 뭐 하는 거야?

MAURICE I was lost in the woods and... 제가 숲속에서 길을 잃어서…

BEAST ❹ ________________ here! 여긴 네가 올 곳이 아니야!

MAURICE I'm sorry. 죄송합니다.

BEAST What are you ❺ ________________? 뭘 쳐다봐?

MAURICE Noth-noth-nothing! 아무, 아무, 아무것도 안 봐요!

BEAST So, you've come to stare at the beast, have you?
그래서, 야수를 보려고 온 거지, 그렇지?

MAURICE Please, ❻ ________________! I just needed ❼ ________________.
제발요, 폐를 끼칠 생각은 아니었어요! 쉴 곳이 필요했을 뿐입니다.

B | 다음 빈칸을 채워 문장을 완성해 보세요.

1 그 얘기를 나한테 처음부터 했었어야지.
You should've told me ________________.

2 애초에 그를 막았어야 했어.
We should have ________________.

3 애초에 이것에 절대 동의하지 말았어야 했는데.
We should never have agreed to do this ________________.

4 무엇에 대해서 언급하는 거니?
________________ referring to?

5 누구랑 만나는 거야?
________________ meeting with?

정답 A

❶ take this moment to say
❷ from the start
❸ What are you doing
❹ You are not welcome
❺ staring at
❻ I meant no harm
❼ a place to stay

정답 B

1 about that from the start
2 stopped him in the first place
3 in the first place
4 What are you
5 Who are you

Day 06

Delusional Gaston

망상에 사로잡힌 가스통

가스통이 큰 결심을 하고 벨의 집을 찾아갑니다. 프러포즈를 하려고 말이죠! 늘 자신감으로 가득 찬 가스통답게 프러포즈도 아주 거만합니다. 시골 오두막에서 아름다운 아내와 토끼 같은 자식들과 고기를 구워 먹는 결혼 생활을 상상하며 그 행운의 주인공은 벨이 될 것이라고 말하죠. 가뜩이나 비호감인[unlikeable] 가스통인데 이렇게 나오니 벨의 마음이 불편해집니다[uncomfortable]. 벨이 프러포즈에 응할 것이라고 호언장담하면서[boast] 〈결혼행진곡〉을 연주할 악단까지 대기시켜 놓은 가스통이 안쓰럽네요.

Warm Up! 오늘 배울 표현

오늘 등장하는 표현들입니다. 어떤 표현이 들어가야 할지 생각해 보세요.

* Gaston, what a __________. 가스통, 정말 뜻밖이군요.
* I'm just __________. 내가 원래 사람들을 많이 놀라게 하죠.
* There's not a girl in town who wouldn't love to __________.
  이 마을에 사는 모든 여자는 다 당신의 입장이 되고 싶어 해요.
* __________ about my dreams, Gaston? 당신이 제 꿈에 대해서 뭘 안다고 그러시죠, 가스통?
* Here, __________ this. 자, 상상해 봐요.

바로 이 장면!

오디오 파일을 듣고 3번 따라 말해보세요.

06-1.mp3

BELLE
벨

Gaston, **what a pleasant surprise.** ❶
가스통, 정말 뜻밖이군요.

GASTON
가스통

Isn't it though? I'm just **full of surprises.** ❷ You know, Belle. There's not a girl in town who wouldn't love to **be in your shoes.** ❸ This is the day...
그렇지 않나요? 내가 원래 사람들을 많이 놀라게 하죠. 들어봐요, 벨. 이 마을에 사는 모든 여자는 다 당신이 되고 싶어 해요. 오늘이 바로…

GASTON
가스통

This is the day your dreams come true.
오늘은 당신의 꿈이 이루어지는 날이에요.

BELLE
벨

What do you know about my dreams, Gaston? ❹
당신이 제 꿈에 대해서 뭘 안다고 그러시죠, 가스통?

GASTON
가스통

Plenty. Here, **picture this.** ❺
알 만큼 알고 있죠. 자, 상상해 봐요.

GASTON
가스통

A rustic hunting lodge, my latest kill roasting on the fire, and my little wife, massaging my feet, while the little ones play with the dogs.
전원에 있는 사냥꾼 오두막에서, 내가 가장 최근에 죽인 짐승을 모닥불에 구우면서 나의 토끼 같은 아내가 내 발을 주물러 주고, 그 옆에서는 우리의 어린아이들이 개들과 놀고 있는 장면을.

GASTON
가스통

We'll have six or seven.
여섯이나 일곱쯤이 좋겠네요.

BELLE
벨

Dogs?
개요?

GASTON
가스통

No, Belle! Strapping boys, like me!
아니요, 벨! 건장한 사내아이들 말이에요. 나를 닮은!

장면 파헤치기

구문 설명과 예문으로 이 장면의 핵심 표현을 완벽히 이해하세요.

❶ Gaston, what a pleasant surprise. 가스통, 정말 뜻밖이군요.

우연히 아는 사람을 만났을 때 쓰는 표현 두 가지는 What a coincidence! '세상에 이런 우연이!'와 바로 위의 표현, What a pleasant surprise!랍니다. pleasant 곧 '즐거운, 유쾌한'이라는 의미를 담아서 '뜻밖에 만나게 돼서 반가워요'라는 뉘앙스의 표현이에요.

* **What a pleasant surprise!** I didn't expect to see you here. 정말 뜻밖이야! 여기서 볼 줄 몰랐네.
* Is that you, James? **What a pleasant surprise!** 제임스구나? 정말 반가워!

❷ I'm just full of surprises. 내가 원래 사람들을 많이 놀라게 하죠.

full of something은 '~으로 가득한'이라는 의미인데, 사람이나 어떤 대상을 묘사할 때 쓰는 경우도 많답니다. 예를 들어, 그는 '기지가 넘쳐'라고 할 때는 He's full of wits.라고 해요. full of surprises는 어떤 사람에게 예상치 못한 반전 매력이 있는 경우에 자주 쓰이지요.

* You'll find that I'm **full of surprises.** 내가 반전 매력이 있는 사람이라는 걸 알게 될 거야.
* Don't trust that guy. He's **full of lies.** 그 남자 믿지 마. 그는 거짓말투성이야.

❸ There's not a girl in town who wouldn't love to be in your shoes.
이 마을에 사는 모든 여자는 다 당신이 되고 싶어 해요.

be in one's shoes는 '~의 입장이 되다'라는 뜻으로 be in one's position과 비슷한 표현입니다. 이 문구를 넣어 Put yourself in my shoes/position이라고 하면 '입장 바꿔서 너도 내 입장이 돼 봐'라는 표현이 된답니다.

★ 영화 속 패턴 익히기

❹ What do you know about my dreams, Gaston? 당신이 제 꿈에 대해서 뭘 안다고 그러시죠, 가스통?

상대방이 무엇을 아는 척 하거나 너무 단정적으로 자기 의견을 말할 때 〈What do you know about~〉 패턴으로 되물을 수 있습니다. 물론 '~에 대해서 너는 무엇을 알고 있니?'라는 일반적인 의미로도 쓰이지만, 위 문장에서는 '네가 ~에 대해서 뭘 안다고 그래?'라는 의미로, 잘 모르면서 함부로 이야기하지 말라는 뜻으로 쓰이지요.

★ 영화 속 패턴 익히기

❺ Here, picture this. 자, 상상해 봐요.

'상상하다'는 단순히 imagine이라는 단어를 써서 표현할 수도 있지만, 비유적으로 머릿속에 그림을 그려보라는 의미로 picture라는 동사를 써서 표현할 수도 있답니다.

* **Picture** yourself in a wedding dress. 웨딩드레스를 입은 네 모습을 상상해 봐.
* I can't **picture** myself with anyone else. 난 다른 사람과 함께 있는 내 모습을 상상할 수 없어.

영화 속 패턴 익히기

오늘 배운 장면에서 뽑은 핵심 패턴으로 다양한 표현을 만들어 보세요.

06-2.mp3

be in one's shoes ~의 입장이 되다.

Step 1 기본 패턴 연습하기

1 Imagine that you **are in my shoes.** 네가 내 입장이 되었다고 상상해 봐.

2 I wish I could **be in your shoes.** 내가 네 입장이라면 좋겠어.

3 If I **were in your shoes,** I would go for it. 내가 만약 네 입장이라면, 나는 도전해 보겠어.

4 If you ____________________, what would you do? 네가 내 입장이라면 어떻게 하겠니?

5 I would never want to ____________________. 난 절대 네 입장이 되고 싶지는 않을 것 같아.

Step 2 패턴 응용하기 | put oneself in another's shoes

1 **Put yourself in my shoes.** 입장 바꿔 생각해 봐.

2 I **put myself in your shoes** and now I see why you were so upset.
내가 네 입장으로 생각해 봤더니 네가 왜 화가 났는지 알겠어.

3 It's not easy to **put yourself in someone else's shoes.** 다른 사람의 입장에서 생각하는 건 쉽지 않지.

4 Lynn didn't ____________________. 린은 내 입장에서 생각을 안 해 본거야.

5 I always try to ____________________. 난 항상 그들의 입장에서 생각하려 노력해.

Step 3 실생활에 적용하기

A 왜 내가 하는 말을 이해 못 하는 거니?	A Why don't you understand what I'm saying?
B That's probably because I've never been in that situation.	B 아마 내가 그런 상황을 못 겪어 봐서 그런 걸 거야.
A 내 입장이 돼서 생각을 해봐. 그러면 아마 이해가 될 거야.	A Put yourself in my shoes. Then, you might be able to understand me.

정답 Step 1 4 were in my shoes 5 be in your shoes Step 2 4 put herself in my shoes 5 put myself in their shoes

🎧 06-3.mp3

What do you know about ~? 네가 ~에 대해서 뭘 안다고 그래?

Step 1 기본 패턴 연습하기

1 **What do you know about** love? 네가 사랑에 대해 뭘 안다고 그래?

2 **What do you know about** bringing up a child? 네가 아이 키우는 것에 뭘 안다고 그래?

3 **What do you know about** baseball? 네가 야구에 대해 뭘 안다고 그래?

4 ______________________ computers? 네가 컴퓨터에 대해 뭘 안다고 그래?

5 ______________________ art? 네가 예술에 대해 뭘 안다고 그래?

Step 2 패턴 응용하기 | What do(es) + 주어 + know about ~?

1 **What does he know about** music? 그가 음악에 대해 뭘 안다고 그러는 거야?

2 I'm talking as if I know everything. But, **what do I know about** life?
내가 마치 모든 걸 다 아는 것처럼 말하는데, 사실 내가 인생에 대해 뭘 알겠니?

3 **What do they know about** my parents? 그들이 우리 부모님에 대해 뭘 알겠어?

4 ______________________________ I'm going through?
내가 겪고 있는 일에 대해 그녀가 뭘 알겠어?

5 ______________________ the universe? 우리가 우주에 대해 뭘 알아?

Step 3 실생활에 적용하기

A Marriage is an outdated institution.
B 네가 결혼에 대해 뭘 알아? 너 결혼 안 해 봤잖아.
A No, but I can have an opinion about it.

A 결혼은 시대에 뒤떨어진 제도야.
B What do you know about marriage? You've never been married before.
A 물론 안 해봤지만 내 나름대로 의견은 있을 수도 있잖아.

정답 Step 1 4 What do you know about 5 What do you know about Step 2 4 What does she know about what 5 What do we know about

확인학습 문제를 풀며 오늘 배운 표현을 완벽히 내 것으로 만드세요.

A | 영화 속 대화를 완성해 보세요.

BELLE Gaston, ❶ __________. 가스통, 정말 뜻밖이네요.

GASTON Isn't it though? I'm just ❷ __________. You know, Belle. There's not a girl in town who wouldn't love to ❸ __________. This is the day...
그렇지 않나요? 내가 원래 사람들을 많이 놀라게 하죠. 들어봐요, 벨. 이 마을에 사는 모든 여자는 다 당신이 되고 싶어 해요. 오늘이 바로…

GASTON This is the day your ❹ __________.
오늘은 당신의 꿈이 이루어지는 날이에요.

BELLE What do you know about my dreams, Gaston?
당신이 제 꿈에 대해서 뭘 안다고 그러시죠, 가스통?

GASTON Plenty. Here, ❺ __________.
알 만큼 알고 있죠. 자, 상상해 봐요.

GASTON A rustic hunting lodge, my latest kill roasting on the fire, and my little wife, massaging my feet, while the little ones play with the dogs.
전원에 있는 사냥꾼 오두막에서, 내가 가장 최근에 죽인 짐승을 모닥불에 구우면서 나의 토끼 같은 아내가 내 발을 주물러 주고, 그 옆에서는 우리의 어린아이들이 개들과 놀고 있는 장면을.

GASTON We'll have ❻ __________. 여섯이나 일곱쯤이 좋겠네요.

BELLE Dogs? 개요?

GASTON No, Belle! ❼ __________, like me!
아니요, 벨! 건장한 사내아이들 말이에요, 나를 닮은!

B | 다음 빈칸을 채워 문장을 완성해 보세요.

1 내가 만약 네 입장이라면, 나는 도전해 보겠어.
If I __________, I would go for it.

2 입장 바꿔 생각해 봐.
__________.

3 난 항상 그들의 입장에서 생각하려 노력해.
I always try to __________.

4 네가 사랑에 대해 뭘 안다고 그래?
__________ love?

5 내가 겪고 있는 일에 대해 그녀가 뭘 알겠어?
__________ what I'm going through?

정답 A

❶ what a pleasant surprise
❷ full of surprises
❸ be in your shoes
❹ dreams come true
❺ picture this
❻ six or seven
❼ Strapping boys

정답 B

1 were in your shoes
2 Put yourself in my shoes
3 put myself in their shoes
4 What do you know about
5 What does she know about

Day 07

After the Big Question

프러포즈가 끝난 후

가스통을 거의 내쫓다시피[kick out] 한 벨은 집에 홀로 남았습니다. 무섭기도 하고 가스통의 무례함에 화가 나기도 합니다. 벨은 답답한 마음에, 집 밖에 있는 동물[livestock]들과 대화를 하며 노래를 합니다. 가스통의 부인이 되는 건 상상조차 할 수 없다고 말이죠. 아직 그게 무엇인지 확실히 알 수는 없지만, 그녀에겐 지금보다 훨씬 더 멋지고 값진[valuable] 삶이 기다리고 있을 것이라는 희망이 있어요. 그때, 숲에서 도망친 필립이 혼자 마을로 돌아옵니다. 모리스가 사라진 걸 알고 놀란 벨은 필립과 함께 모리스가 갇힌 성으로 찾아갑니다.

Warm Up! 오늘 배울 표현

오늘 등장하는 표현들입니다. 어떤 표현이 들어가야 할지 생각해 보세요.

* So, ________? 그래, 어떻게 된 거야?
* I'll have Belle for my wife, ________ about that!
  벨을 꼭 내 아내로 만들고 말 거야, 확실히 알아두라고!
* ________! 예민하긴!
* Madame Gaston, can't you ________? 가스통 부인, 딱 보면 모르겠니?
* I ________ this provincial life... 난 이 지루한 생활보다 훨씬 더 의미 있는 삶을 원한다고…

바로 이 장면!

오디오 파일을 듣고 3번 따라 말해보세요. 07-1.mp3

LEFOU 르푸

So, **how'd** it **go**? ❶

그래, 어떻게 된 거야?

GASTON 가스통

I'll have Belle for my wife, **make no mistake about** that! ❷

벨을 꼭 내 아내로 만들고 말 거야, 확실히 알아두라고!

LEFOU 르푸

Touchy! ❸

예민하긴!

PIERRE 피에르

Grunt Grunt.

꿀꿀.

BELLE 벨

Is he gone? Can you imagine, he asked me to marry him.
Me, the wife of that boorish, brainless...
Madame Gaston, **can't you just see it**. ❹
Madame Gaston, his little wife.
Not me, no sir, I guarantee it.
I want much more than this provincial life... ❺

그가 떠났니? 세상에나, 그가 나에게 청혼을 했어.
내가 그 막무가내 교양 없는 자의 아내라니…
가스통 부인, 딱 보면 모르겠니.
가스통 부인, 그의 어린 아내.
난 아냐, 아니라고 정말, 내가 장담하지.
난 이 지루한 생활보다 훨씬 더 의미 있는 삶을 원한다고…

장면 파헤치기

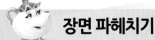

구문 설명과 예문으로 이 장면의 핵심 표현을 완벽히 이해하세요.

❶ So, how'd it go? 그래, 어떻게 된 거야?

how'd 부분은 how did의 축약형이에요. How'd it go?는 상대방이 시험이나 인터뷰, 소개팅 등 중요한 일을 치르고 왔을 때 '~ 어떻게 됐어?'라고 물을 때 쓰는 표현인데, 간단히 How'd it go?라고 묻기도 하고, it 대신 명사를 넣어서 How did the date go?, How did the interview go?하는 식으로 묻기도 해요.

★ 영화 속 패턴 익히기

❷ I'll have Belle for my wife, make no mistake about that!
벨을 꼭 내 아내로 만들고 말 거야, 확실히 알아두라고!

make no mistake about something은 '정말이다, 분명하다'로 해석할 수 있는데, 특히 상대방에게 경고의 의미로 자신의 말을 강조할 때 쓴답니다. '내가 한 말 확실히 기억해 둬, 안 그러면 혼날 줄 알아!'하는 뉘앙스죠.

* You'll have to be there on time, **make no mistake about that!** 제시간에 와라, 안 그러면 혼날 줄 알아!
* It's got to be done, **make no mistake about it!** 이 일은 반드시 해야만 하는 일이야, 절대로!

❸ Touchy! 예민하긴!

touchy는 구어체로 sensitive보다 조금 더 예민한 경우에 자주 쓰이는 표현이에요. 어떤 일이나 주제에 대해서 과민반응을 보이는 경우에 쓰면 좋아요.

* He's a little **touchy** about his past. 그는 자신의 과거에 대해 아주 예민해.
* The weight issue is a **touchy** subject. 몸무게는 아주 민감한 주제지.

❹ Madame Gaston, can't you just see it. 가스통 부인, 딱 보면 모르겠니.

'이해하다'라는 동사로 understand를 주로 쓰지만, 구어체에서는 see도 많이 쓰지요. Can't you see it?은 '모르겠니? 이 상황이 이해가 안 되니?'라는 의미이고 just를 넣어서 강조한 것이지요.

* I **can't see** why not. 왜 안 되는 건지 이해가 안 되는데.
* **Can't you see** that I don't want to talk about it? 내가 그 얘길 하기 싫어한다는 거 모르겠니?

❺ I want much more than this provincial life... 난 이 지루한 생활보다 훨씬 더 의미 있는 삶을 원한다고…

〈I want much more than ~〉은 어느 정도로 만족하는 것이 아닌 더 많이 혹은 더 큰 것을 원한다고 할 때 쓰여요.

★ 영화 속 패턴 익히기

영화 속 패턴 익히기

오늘 배운 장면에서 뽑은 핵심 패턴으로 다양한 표현을 만들어 보세요.

07-2.mp3

How did + 주어 + go? ~은/이 어떻게 진행됐니? (잘 됐니?)

Step 1 기본 패턴 연습하기

1 **How did** it **go**? 그 일은 잘됐니?

2 **How did** the interview **go**? 인터뷰는 잘됐니?

3 **How did** the test **go**? 테스트는 어땠어?

4 ________________ the meeting __________? 회의는 잘했니?

5 ________________________? 데이트는 어땠니?

Step 2 패턴 응용하기 | How did it go with ~

1 **How did it go with** your family? 가족들과는 잘 만났니?

2 **How did it go with** the doctor? 의사 만난 건(병원에 갔던 건) 어떻게 됐니?

3 **How did it go with** the school today? 학교 어땠어?

4 ________________________ your mom? 엄마 만난 건 잘됐니?

5 ________________________ the audition? 오디션은 잘했니?

Step 3 실생활에 적용하기

A 소개팅 나갔던 건 어떻게 됐니?
B The guy didn't even show up.
A 맙소사. 정말 너무하네.

A How did it go with your blind date?
B 그 남자가 아예 나오지도 않았어.
A Oh, my gosh. That's terrible.

정답 Step 1 4 How did / go 5 How did the date go Step 2 4 How did it go with 5 How did it go with

07-3.mp3

I want much more than ~ 난 ~보다 훨씬 더 많은 것을 원해.

Step 1 기본 패턴 연습하기

1 **I want much more than** just a car. 난 자동차보다 훨씬 더 많은 것을 원해.

2 **I want much more than** this life I lead. 난 지금 내가 누리고 있는 삶보다 훨씬 더 많은 것을 원해.

3 **I want much more than** just being happy. 난 그냥 행복하게 사는 삶보다 훨씬 더 많은 것을 원해.

4 That's not enough. ______________________. 그걸로는 부족해. 난 더 많은 것을 원해.

5 ______________________ what I give. Am I asking for too much?
난 내가 주는 것보다 훨씬 더 많은 것을 원해. 욕심이 과한 걸까?

Step 2 패턴 응용하기 | 주어 + want(s) ~ more than anything else

1 **I want** him **more than anything else**. 난 세상 그 무엇보다도 더 그를 원해.

2 **She wants** that bag **more than anything else**. 그녀는 그 무엇보다도 저 가방을 가지고 싶어 해.

3 **They want** freedom **more than anything else**. 그들은 그 무엇보다도 더 자유를 원하지.

4 Maybe I'm too shallow. But ______________________.
내가 너무 속물인지는 모르겠지만, 난 그 무엇보다도 돈을 갖고 싶어.

5 Heidi __________ a dog ______________________. 하이디는 그 무엇보다도 개를 원해.

Step 3 실생활에 적용하기

A Are you content with your life?
B 아니, 전혀. 난 내가 가진 것보다 훨씬 더 많은 것을 원해.
A Same here.

A 넌 네 삶에 만족하며 살고 있니?
B No, absolutely not. I want much more than what I have.
A 나도 마찬가지야.

정답 Step 1 4 I want much more than that 5 I want much more than Step 2 4 I want money more than anything else 5 wants / more than anything else

확인학습 문제를 풀며 오늘 배운 표현을 완벽히 내 것으로 만드세요.

A | 영화 속 대화를 완성해 보세요.

LEFOU So, ❶ ______________?
그래, 어떻게 된 거야?

GASTON I'll have Belle for my wife, ❷ ______________________!
벨을 꼭 내 아내로 만들고 말 거야, 확실히 알아두라고!

LEFOU ❸ ______________!
예민하긴!

PIERRE Grunt Grunt.
꿀꿀.

BELLE Is he gone? ❹ ________________, he asked me to marry him. 그가 떠났니? 세상에나, 그가 나에게 청혼을 했어.
Me, the wife of that boorish, brainless...
내가 그 막무가내 교양 없는 자의 아내라니…
Madame Gaston, ❺ __________________.
가스통 부인, 딱 보면 모르겠니.
Madame Gaston, his little wife.
가스통 부인, 그의 어린 아내.
Not me, no sir, ❻ __________________.
난 아냐, 아니라고 정말, 내가 장담하지.
❼ ________________________ this provincial life...
난 이 지루한 생활보다 훨씬 더 의미 있는 삶을 원한다고…

B | 다음 빈칸을 채워 문장을 완성해 보세요.

1 데이트는 어땠니?
__________________________?

2 오디션은 잘했니?
__________________________ the audition?

3 그들은 그 무엇보다도 더 자유를 원하지.
They __________________________________.

4 내가 너무 속물인지는 모르겠지만, 난 그 무엇보다도 돈을 갖고 싶어.
Maybe I'm too shallow. But __________________________________.

5 하이디는 그 무엇보다도 개를 원해.
Heidi __________________________________.

정답 A

❶ how'd it go
❷ make no mistake about that
❸ Touchy
❹ Can you imagine
❺ can't you just see it
❻ I guarantee it
❼ I want much more than

정답 B

1 How did the date go
2 How did it go with
3 want freedom more than anything else
4 I want money more than anything else
5 wants a dog more than anything else

Day 08

Belle in the Castle of the Beast

야수의 성으로 간 벨

야수가 사는 성에 도착한 벨은 모리스를 금방 찾습니다. 그리고 처음으로 모리스를 감금[imprisonment]한 야수를 만나게 되죠. 벨은 난폭하고 단호한 야수의 태도에, 모리스가 쉽게 나올 수 없다는 것을 알게 됩니다. 그래서 야수에게 제안하죠. 자신이 아빠를 대신해서 포로[prisoner]가 되겠다고 말이에요. 야수는 벨이 요청대로, 모리스를 풀어주고 벨을 가둡니다. 아빠를 생각하는 벨의 마음은 갸륵하지만[admirable] 눈에 넣어도 아프지 않은 딸을 야수의 손에 넘겨줄 수밖에 없는 모리스의 마음은 찢어질 것 같습니다.

Warm Up! 오늘 배울 표현

오늘 등장하는 표현들입니다. 어떤 표현이 들어가야 할지 생각해 보세요.

* You would ______? 네가 그 대신 여기에 있겠다고?
* You don't know ______! 넌 지금 네가 무슨 짓을 하는지 모르고 있어!
* ______ let him go? 내가 그렇게 하다면, 그를 풀어 주실 건가요?
* Come ______. 불빛 있는 곳으로 오세요.
* You ______. 약속할게요.

바로 이 장면!

오디오 파일을 듣고 3번 따라 말해보세요. 08-1.mp3

BEAST 야수	You! You would **take his place**? ❶ 너를! 네가 그 대신 여기에 있겠다고?
MAURICE 모리스	Belle! No! **You don't know what you're doing!** ❷ 벨! 안 돼! 넌 지금 네가 무슨 짓을 하는지 모르고 있어!
BELLE 벨	**If I did, would you** let him go? ❸ 내가 그렇게 하다면, 그를 풀어 주실 건가요?
BEAST 야수	Yes, but you must promise to stay here forever. 그러지, 하지만 넌 여기에 영원히 있겠다고 약속해야만 해.
BELLE 벨	**Come into the light.** ❹ 불빛 있는 곳으로 오세요.
MAURICE 모리스	No, Belle. I won't let you do this! 안 돼, 벨. 절대 네가 이런 짓을 하게 둘 순 없어!
BELLE 벨	**You have my word.** ❺ 약속할게요.
BEAST 야수	Done! 그럼 그렇게 해!

장면 파헤치기

구문 설명과 예문으로 이 장면의 핵심 표현을 완벽히 이해하세요.

❶ You would take his place? 네가 그 대신 여기에 있겠다고?

take one's place는 '~의 자리를 차지하다 혹은 대신하다'라는 표현이에요. 이 장면에서는 아빠를 풀어주는 대신 벨이 대신해서 포로로 잡혀 있겠다는 뜻으로 쓰였네요.

★ 영화 속 패턴 익히기

❷ You don't know what you're doing! 넌 지금 네가 무슨 짓을 하는지 모르고 있어!

자신이 하는 짓이 무슨 짓인지 모르고 어리석은 결정/행동을 하고 있다고 하는 표현이에요. 이 문장은 있는 그대로 외워두세요. 상황에 맞게 주어만 바꿔서 쓰면 되겠어요.

* She's so old and sick. **She doesn't know what she's doing!**
  그녀는 늙고 병들었어요. 자신이 무슨 짓을 하는지 이해를 못 한다고요!
* **My son doesn't know what he's doing.** Please, don't hurt him!
  내 아들은 자기가 뭘 하고 있는지 알지 못해요. 제발, 그를 다치게 하지 말아요!

❸ If I did, would you let him go? 제가 그렇게 한다면, 그를 풀어 주실 건가요?

상대방에게 원하는 것을 들어주면 혹은 내가 이렇게 한다면 당신도 ~을 해줄 수 있겠느냐고 제안 또는 협상이나 타협을 할 때 쓰는 패턴이에요.

★ 영화 속 패턴 익히기

❹ Come into the light. 불빛 있는 곳으로 오세요.

come into가 다른 의미의 숙어로 쓰이는 경우도 많이 있지만, 여기에서 쓰인 come into는 말 그대로 '들어오다'라는 의미로 enter와 같은 뜻이에요. the light는 '불빛이 비치는 곳'이라는 의미의 명사로 쓰였고요.

* **Come into** my heart! 내 마음으로 들어와 주세요!
* I want you to **come into** my life. 당신이 내 삶 속으로 들어와 줬으면 좋겠어요.

❺ You have my word. 약속할게요.

You have my word. '넌 나의 말을 가지고 있다' 혹은 I'll give you my word.는 '너에게 나의 말을 주겠다'는 표현은 의역하면 '약속할게'라는 의미예요. 좀 더 풀어보면 '내가 한 말, 내가 준 말'을 버리지 말고 잘 간직하고 있으라는, 곧 그 말을 나는 꼭 지키겠다는 뜻이죠.

* I'll take good care of your daughter. **You have my word.** 따님을 잘 보살필게요. 약속드릴게요.
* It will never happen again. **You have my word!** 다신 이런 일 없을 거예요. 약속해요!

영화 속 패턴 익히기

오늘 배운 장면에서 뽑은 핵심 패턴으로 다양한 표현을 만들어 보세요.

08-2.mp3

take his place

그의 자리를 차지하다/대신하다/맡다.

Step 1 기본 패턴 연습하기

1 I don't want to **take his place.** 난 그의 자리를 차지하기 싫어.

2 No one will be able to **take his place.** 아무도 그의 자리를 대신할 수 없을 거야.

3 We need you to **take his place.** 네가 그의 자리를 맡아줘야 해.

4 The company hired a new guy ______________. 회사에서 그의 자리를 대신할 사람을 구했어.

5 Who ______________? 누구 그의 자리를 대신할 사람 있나?

Step 2 패턴 응용하기 | take one's place

1 I don't think I can **take your place.** 난 네 자리를 대신 맡을 수 있을 것 같지 않아.

2 **Take my place** when I move to another department. 내가 다른 부서로 옮기면 내 자리를 맡게.

3 Can you **take her place** while she's on maternity leave?
그녀가 육아 휴직을 하는 동안 그녀를 자리를 맡아줄 수 있겠나?

4 Does anyone want to ______________? 누가 내 자리를 대신하고 싶은 사람 있나요?

5 It will be difficult to find someone to ______________.
당신의 자리를 대신할 사람을 찾긴 어려울 거예요.

Step 3 실생활에 적용하기

A 누가 내 자리를 맡게 될 건지 아시나요?	A Do you know who is going to take my place?
B I have no idea. Do you have anyone in mind?	B 전혀 모르겠어요. 혹시 생각해 둔 사람이라도 있나요?
A 당신이 그 일에는 적임자일 것 같아요.	A You would be a good candidate for the job.

정답 Step 1 4 to take his place 5 wants to take his place Step 2 4 take my place 5 take your place

08-3.mp3

If I did, would you + 동사 내가 그렇게 한다면, 넌 ~할 거니?

Step 1 기본 패턴 연습하기

1 **If I did, would you** be my girlfriend? 내가 그렇게 하면, 내 여자 친구가 되어 줄 거니?

2 **If I did, would you** go to the movies with me? 내가 그렇게 하면, 나랑 같이 영화 보러 갈 거니?

3 **If I did, would you** wait for me? 내가 그렇게 하면, 날 기다려 줄 거니?

4 ________________ accept my offer? 내가 그렇게 하면, 내 제안을 받아 줄 거니?

5 ________________ on a trip with me? 내가 그렇게 하면, 나랑 여행 같이 가 줄 거니?

Step 2 패턴 응용하기 | If + 주어 + did, would you + 동사

1 **If she did, would you** call her? 그녀가 그렇게 하면, 그녀에게 전화할래?

2 **If he did, would you** support him? 그가 그렇게 하면, 그를 지지할래?

3 **If Mindy did, would you** still love her? 민디가 그렇게 하면, 그래도 그녀를 계속 사랑할래?

4 ________________ quit the job? 그들이 그렇게 하면, 직장을 그만둘 거니?

5 ________________ promise to keep the secret?
우리가 그렇게 하면, 비밀을 지키겠다고 약속할 거니?

Step 3 실생활에 적용하기

A 오늘 밤에 뭐 할 거니?
B I have no plans. Do you want to go the movies with me?
A 내가 그렇게 하면, 내 티켓도 사 줄래?

A What are you doing tonight?
B 특별히 할 일은 없는데. 너 나랑 영화 보러 갈래?
A If I did, would you pay for my ticket too?

정답 Step 1 4 If I did, would you 5 If I did, would you go Step 2 4 If they did, would you 5 If we did, would you

확인학습

문제를 풀며 오늘 배운 표현을 완벽히 내 것으로 만드세요.

A | 영화 속 대화를 완성해 보세요.

BEAST You! You would ❶ ____________________?
너를! 네가 그 대신 여기에 있겠다고?

MAURICE Belle! No! You don't know ❷ ____________________!
벨! 안 돼! 넌 지금 네가 무슨 짓을 하는지 모르고 있어!

BELLE ❸ ____________________ let him go?
내가 그렇게 하다면, 그를 풀어 주실 건가요?

BEAST Yes, but ❹ ____________________ to stay here forever.
그러지, 하지만 넌 여기에 영원히 있겠다고 약속해야만 해.

BELLE ❺ ________________ the light.
불빛 있는 곳으로 오세요.

MAURICE No, Belle. I won't let you do this!
안 돼, 벨. 절대 네가 이런 짓을 하게 둘 순 없어!

BELLE ❻ ____________________.
약속할게요.

BEAST ❼ ____________!
그럼 그렇게 해!

B | 다음 빈칸을 채워 문장을 완성해 보세요.

1 네가 그의 자리를 맡아줘야 해.
We need you to ____________________.

2 당신의 자리를 대신할 사람을 찾긴 어려울 거예요.
It will be difficult to find someone to ____________________.

3 내가 그렇게 하면, 나랑 여행 같이 가 줄 거니?
____________________ on a trip with me?

4 민디가 그렇게 하면, 그래도 그녀를 계속 사랑할래?
____________________ still love her?

5 그들이 그렇게 하면, 직장을 그만둘 거니?
____________________ quit the job?

정답 A

❶ take his place
❷ what you're doing
❸ If I did, would you
❹ you must promise
❺ Come into
❻ You have my word
❼ Done

정답 B

1 take his place
2 take your place
3 If I did, would you go
4 If Mindy did, would you
5 If they did, would you

Day 09

The Forbidden West Wing

금지 구역 서관

고립된 탑에 갇힌 벨이 안쓰러워[pathetic] 보였는지 촛대 뤼미에르가 야수에게 편안한[comfortable] 방으로 그녀를 옮겨주면 어떨지 제안해요. 야수도 아무래도 신경 쓰였는지 벨을 성안의 다른 방으로 안내하네요. 그런데, 방을 안내하던 야수가 갑자기 성의 서관에는 절대로 들어가면 안 된다고 경고[warning]하는군요. 서관에 도대체 뭐가 있을까요? 왠지 금지 구역[forbidden place]이라고 하면 더 가보고 싶어지잖아요. 안 그래도 호기심이 많은 벨을 더 자극한 건 아닐까 모르겠어요. 한편, 야수는 벨을 저녁 식사에 초대합니다.

Warm Up! 오늘 배울 표현

오늘 등장하는 표현들입니다. 어떤 표현이 들어가야 할지 생각해 보세요.

* I didn't ______________. 작별 인사도 못 했다고요.
* ______________ your room. 당신의 방을 보여주겠소.
* ______________ to her. 그녀에게 말을 걸어보세요.
* The castle is your home now, so ______________ the West Wing. 이 성이 이제 당신 집이오, 그러니 당신 원하는 곳은 어디를 가도 좋소, 서관만 빼고 말이오.
* It's ______________! 거긴 금지 구역이오!

바로 이 장면!

오디오 파일을 듣고 3번 따라 말해보세요. 09-1.mp3

BELLE 벨

You didn't even let me say good bye. I'll never see him again. **I didn't get to** say good-bye. ❶

작별인사도 못 하게 하시는군요. 다시는 못 볼 텐데. 작별인사도 못 했다고요.

BEAST 야수

I'll show you to your room. ❷

당신의 방을 보여주겠소.

BELLE 벨

My room? But I thought—

제 방이라고요? 하지만 제 생각엔…

BEAST 야수

You wanna, you wanna stay in the tower?

당신, 당신은 이 탑 안에 있기를 원하오?

BELLE 벨

No.

아뇨.

BEAST 야수

Then follow me.

그럼, 날 따라오시오.

LUMIERE 뤼미에르

Say something to her. ❸

그녀에게 말을 걸어보세요.

BEAST 야수

Hmm? Oh. I...um...hope you like it here. The castle is your home now, so **you can go anywhere you wish, except** the West Wing. ❹

응? 오. 난…음...당신이 이곳이 마음에 들었으면 하오. 이 성이 이제 당신 집이오. 그러니 당신 원하는 곳은 어디를 가도 좋소. 서관만 빼고 말이오.

BELLE 벨

What's in the West Wing?

서관에는 뭐가 있는데요?

BEAST 야수

It's **forbidden**! ❺

거긴 금지 구역이오!

장면 파헤치기

구문 설명과 예문으로 이 장면의 핵심 표현을 완벽히 이해하세요.

❶ I didn't get to say good-bye. 작별 인사도 못 했다고요.

'~을 할 기회를 얻다'는 have/get a chance to do something으로 표현할 수도 있지만 간단하게 get to라고도 한답니다. '작별 인사를 할 기회를 얻다'는 get to say good-bye라고 표현하는데, 이 장면에서는 그럴 기회를 얻지 못했다고 하는 상황이네요.

★ 영화 속 패턴 익히기

❷ I'll show you to your room. 당신의 방을 보여주겠소.

show 뒤에 to가 붙으면 '~로 안내하다'라는 의미가 됩니다. 그래서 I'll show you my room. '내 방을 보여줄게'가 되고 I'll show you to my room.이라고 하면 '내 방으로 안내할게'가 되죠. 이런 경우엔 문맥에 따라 같은 의미일 수도 있고, 다른 의미로 쓰일 수도 있겠지요.

* **I'll show you to** your table. (식당에서) 테이블로 안내해 드리지요.
* **Could you show me to** the bathroom? 화장실이 어디인지 안내해 주시겠어요?

❸ Say something to her. 그녀에게 말을 걸어 보세요.

상대방이 아무 말도 안 하고 있을 때 '무슨 말이라도 해라'라고 할 때 say something이라는 표현을 써요. 이 장면에서는 야수가 벨에게 무슨 말을 해야 할지 몰라 아무 말도 안 하고 있으니 뤼미에르가 답답해서 이렇게 말한 것이지요.

* It's so awkward. **Say something.** 정말 어색하네요. 무슨 말이라도 해 보세요.
* I longed for her to **say something.** 난 그녀가 무슨 말이든 하기를 간절히 바랐다.

❹ The castle is your home now, so you can go anywhere you wish, except the West Wing. 이 성이 이제 당신 집이오. 그러니 당신 원하는 곳은 어디를 가도 좋소. 서관만 빼고 말이오.

네가 원하는 것은 무엇이든 해도 좋다고 할 때는 〈you can + 동사 + you wish〉의 패턴을 사용하면 좋아요. 이 문장에서는 '~만 제외하고'를 첨가해서 그 뒤로 except가 들어갔네요. 이 부분도 넣어서 함께 연습해 보겠습니다.

★ 영화 속 패턴 익히기

❺ It's forbidden! 거긴 금지 구역이오!

'금지된'이라는 뜻을 가진 단어 중 법적으로 금지할 때는 banned 또는 prohibited라는 단어를 많이 쓰는데, 일반적으로 금지하는 것 특히 금지된 사랑이나 행동과 같은 것을 표현할 때는 forbidden을 많이 사용해요.

* It's a **forbidden** place. 여긴 금지된 곳이야.
* The installation is **forbidden** by system policy. 시스템 정책에 의해 설치 금지입니다.

영화 속 패턴 익히기

오늘 배운 장면에서 뽑은 핵심 패턴으로 다양한 표현을 만들어 보세요.

09-2.mp3

I didn't get to + 동사 ~할 기회를 얻지 못했다.

Step 1 기본 패턴 연습하기

1 **I didn't get to** see my grandmother. 난 우리 할머니를 볼 기회를 얻지 못했어.

2 **I didn't get to** say good-bye to Uncle Sam. 샘 삼촌에게 작별 인사를 할 기회를 얻지 못했어.

3 **I didn't get to** go home last night. 어젯밤에 집에 못 들어갔어.

4 ______________ meet the president. 사장님과 인사를 못 나눴네.

5 ______________ at all. 어젯밤에 아예 못 잤어.

Step 2 패턴 응용하기 | 주어 + didn't get to + 동사

1 She **didn't get to** spend Christmas with her family. 그녀는 자기 가족과 크리스마스를 함께 하지 못했어.

2 They **didn't get to** use the Jacuzzi. 그들이 자쿠지를 이용할 기회를 얻지 못했네.

3 He **didn't get to** enjoy the summer because he was swamped with work.
그는 아주 바빠서 여름을 즐길 기회를 얻지 못했다.

4 ______________ her husband. 그녀는 남편과 안을 기회를 얻지 못했지.

5 ______________ Jenny he loves her. 팀은 제니에게 사랑 고백을 할 기회를 얻지 못했어.

Step 3 실생활에 적용하기

A Did you get to say goodbye to your brother?
B No, he left before I got home.
A 안타깝네, 앞으로 한 1년은 못 볼 텐데.

A 오빠에게 작별 인사 잘했니?
B 아니, 내가 집에 도착하기 전에 떠났더라고.
A That's too bad because he won't be back for at least one year.

정답 Step 1 4 I didn't get to 5 I didn't get to sleep Step 2 4 She didn't get to hug 5 Tim didn't get to tell

09-3.mp3

You can + 행위 동사 + anywhere you wish, except ~ (원하는 곳)

어디에서든 ~해도/가도 좋다, ~만 제외하고

Step 1 기본 패턴 연습하기

1 **You can go anywhere you wish, except** the rooftop. 옥상만 빼고 원하는 곳 어딜 가도 괜찮아.

2 **You can sit anywhere you wish, except** my seat. 내 자리만 빼면 원하는 곳 어디든 앉아도 돼.

3 **You can travel anywhere you wish, except** there. 거기만 빼면 원하는 곳 어디든 여행해도 좋아.

4 ________________________________ here. 여기만 제외하고 원하는 곳 어디든 주차해도 괜찮아.

5 ________________________________ the library. 도서관만 빼고 어디에서든 음식 먹어도 괜찮아.

Step 2 패턴 응용하기 He/she + can + 행위 동사 + anywhere + he/she + wishes, except ~

1 **He can sleep anywhere he wishes, except** the kitchen. 그가 원하는 곳 어디에서든 자도 괜찮아, 주방만 빼고.

2 **She can stay anywhere she wishes, except** the basement.
지하실만 빼고 그녀가 원하는 곳 어디에서 있어도 괜찮아.

3 **He can study anywhere he wishes, except** the dining room.
식당만 빼고 그가 원하는 곳 어디에서 공부해도 괜찮아.

4 ________________________________ our bedroom.
우리 침실만 빼면 그녀가 어디서 놀아도 괜찮아.

5 ________________________________ the study.
그가 원하는 곳 어디서든 마셔도 괜찮아, 서재만 제외하면.

Step 3 실생활에 적용하기

A Where do you want me to sit?
B 원하는 곳 어디에 앉으셔도 괜찮아요, 운전석만 빼고.
A Ha ha. Okay. I won't sit there.

A 제가 어디에 앉으면 될까요?
B You can sit anywhere you wish, except the driver's seat.
A 하하. 네. 거기엔 앉지 않을게요.

정답 Step 1 4 You can park anywhere you wish, except 5 You can eat anywhere you wish, except Step 2 4 She can play anywhere she wishes, except 5 He can drink anywhere he wishes, except

확인학습 문제를 풀며 오늘 배운 표현을 완벽히 내 것으로 만드세요.

A | 영화 속 대화를 완성해 보세요.

BELLE You didn't even let me say good bye. I'll never see him again. ❶ ______________ good-bye.
작별인사도 못 하게 하시는군요. 다시는 못 볼 텐데. 작별 인사도 못 했다고요.

BEAST ❷ ______________ your room. 당신의 방을 보여주겠소.

BELLE My room? But I thought— 제 방이라고요? 하지만 제 생각엔…

BEAST You wanna, you wanna ❸ ______________?
당신, 당신은 이 탑 안에 있기를 원하오?

BELLE No. 아뇨.

BEAST Then ❹ ______________. 그럼, 날 따라오시오.

LUMIERE ❺ ______________ to her. 그녀에게 말을 걸어 보세요.

BEAST Hmm? Oh. I...um...hope you like it here. The castle is your home now, so ❻ ______________ the West Wing. 응? 오. 난…음...당신이 이곳이 마음에 들었으면 하오. 이 성이 이제 당신 집이오. 그러니 당신 원하는 곳은 어디를 가도 좋소, 서관만 빼고 말이오.

BELLE What's in the West Wing? 서관에는 뭐가 있는데요?

BEAST It's ❼ ______________! 거긴 금지 구역이오!

정답 A

❶ I didn't get to say
❷ I'll show you to
❸ stay in the tower
❹ follow me
❺ Say something
❻ you can go anywhere you wish, except
❼ forbidden

B | 다음 빈칸을 채워 문장을 완성해 보세요.

1 옥상만 제외하면 원하는 곳 어딜 가도 괜찮아.
______________ the rooftop.

2 그가 원하는 곳 어디에서든 자도 괜찮아, 주방만 빼고.
______________ the kitchen.

3 지하실만 빼고 그녀가 원하는 곳 어디에서 있어도 괜찮아.
______________ the basement.

4 샘 삼촌에게 작별인사를 할 기회를 얻지 못했어.
______________ to Uncle Sam.

5 어젯밤에 아예 못 잤어.
______________ at all.

정답 B

1 You can go anywhere you wish, except
2 He can sleep anywhere he wishes, except
3 She can stay anywhere she wishes, except
4 I didn't get to say good-bye
5 I didn't get to sleep

Day 10

Dejected Gaston

실의에 빠진 가스통

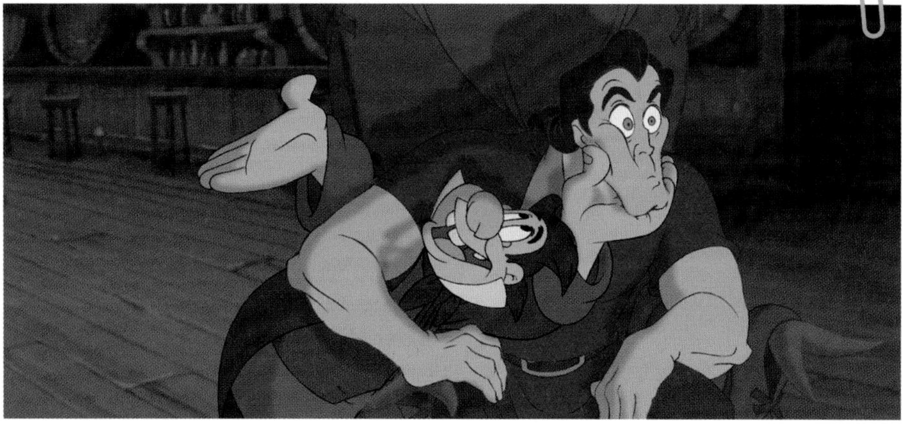

벨이 프러포즈를 거절한 것이 치명타[fatal blow]였는지 늘 에너지 넘치는 가스통이 오늘은 의기소침한 모습입니다. 르푸가 벨은 어리석은 여자라며 위로하죠. 가스통보다 멋진 남자는 없다고 그를 치켜세워주면서 말이죠. 가스통은 벨에게 복수[revenge]를 하려고 하는데요, 가스통이 어떤 못된 계략[dirty trick]을 꾸밀지 걱정되네요. 하지만 정작 벨은 가스통에게 신경 쓸 겨를이 없어요. 평생 야수의 성에 갇히게 될지도 모르니 말이에요.

Warm Up! 오늘 배울 표현

오늘 등장하는 표현들입니다. 어떤 표현이 들어가야 할지 생각해 보세요.

* ________ think she is? 자기가 뭐라고 이러는 거야?
* That girl has ________ the wrong man. 그 여자가 사람을 잘못 건드렸네.
* ________? 뭐 하러?
* ________. 뭘 해도 도움이 안 돼.
* Gaston, you've got to ________. 가스통, 정신 차려.

바로 이 장면!

오디오 파일을 듣고 3번 따라 말해보세요. 10-1.mp3

GASTON 가스통

Who does she **think** she **is**? ❶ That girl has **tangled with** the wrong man. No one says 'no' to Gaston! ❷

자기가 뭐라고 이러는 거야? 그 여자가 사람을 잘못 건드렸네. 감히 가스통에게 '노'라고 하다니!

LEFOU 르푸

Darn right!

그러게 말이야!

GASTON 가스통

Dismissed. Rejected. Publicly humiliated. Why, it's more than I can bear.

묵살. 거절. 공개적으로 창피를 당했다고. 아 이런, 참을 수 없을 정도야.

LEFOU 르푸

More beer?

맥주 더 줄까?

GASTON 가스통

What for? ❸ **Nothing helps.** ❹ I'm disgraced.

뭣 하러? 뭘 해도 도움이 안 돼. 난 망신을 당했다고.

LEFOU 르푸

Who, you? Never. Gaston, you've got to **pull yourself together.** ❺

누가, 자네가? 절대 그런 일은 없어. 가스통, 정신 차려.

장면 파헤치기

구문 설명과 예문으로 이 장면의 핵심 표현을 완벽히 이해하세요.

❶ Who does she think she is? 자기가 뭐라고 이러는 거야?

상대방이 마치 자신이 대단한 사람이라도 되는 것처럼 행동하거나 말을 하는 경우에 '자기가 대체 뭐라고 저러는 거야?'라는 표현으로 이 패턴을 많이 사용한답니다.

★ 영화 속 패턴 익히기

❷ That girl has tangled with the wrong man. 그 여자가 사람을 잘못 건드렸네.

tangle은 명사로는 '실이나 머리카락 같은 것이 얽힌/엉킨/헝클어진 것'이고 동사로는 '헝클어지다, 꼬이다'라는 의미인데 tangle with someone/something은 '~와의 언쟁/싸움에 휘말리다'라는 뜻이 된답니다.

* It's not a good idea to **tangle with** Zachery. 재커리와 언쟁에 휘말리는 건 좋은 생각이 아냐.
* Hey, you don't want to **tangle with** me. 이 봐, 나하고는 싸우지 않는 게 신상에 좋을 거야.

❸ What for? 뭣 하러?

'왜 그런 짓을 하는 하니?'와 같은 의미로 '뭣 하러 그런 짓을 해?'라고 하죠? 의문사 Why를 넣어서 Why are you doing that?이라고 할 수도 있지만 What are you doing that for? 라고도 할 수 있죠. 그것을 짧게 표현할 때는 What for?라고 하면 된답니다.

★ 영화 속 패턴 익히기

❹ Nothing helps. 뭘 해도 도움이 안 돼.

누구나 힘든 상황에 처했을 때는 도움이 필요하죠? 그런데 그렇게 도움이 필요한 상황에 무엇을 해도 도움이 되지 않는다면 이 표현을 써 보세요. Nothing helps! 이렇게요.

* I've tried everything. But **nothing helps.** 모든 것을 다 해 봤는데 뭘 해도 도움이 안 되네.
* **Nothing helps.** Not even tears. 아무것도 도움이 안 돼. 울어도 안 되더라고.

❺ Gaston, you've got to pull yourself together. 가스통, 정신 차려.

'정신 차려'라는 말을 영어로 할 때 가장 들어맞는 표현이 위의 문장에서 나온 pull yourself together이에요. 자주 하는 말로 '정신 줄 꼭 붙들어'와 비슷한 뉘앙스죠.

* You need to **pull yourself together** and deal with it. 정신 차리고 문제를 맞닥뜨려야만 해.
* **Pull yourself together** and move on. 정신 차려, 그리고 계속 너의 삶을 살아가라고.

영화 속 패턴 익히기

오늘 배운 장면에서 뽑은 핵심 패턴으로 다양한 표현을 만들어 보세요.

10-2.mp3

Who do(es) + 주어 + think + 주어 + be동사?
자기가 뭐라고 이러는 거야?

Step 1 기본 패턴 연습하기

1 **Who do you think** you are? 네가 뭐라고 이러는 거야?

2 **Who do you think** he is? 그는 자기가 뭐라고 이러는 거야?

3 **Who do you think** they are? 그들은 자기네가 뭐라고 이러는 거야?

4 ______________________ he is? 라이언은 자기가 뭐라고 이러는 거지?

5 ______________________ she is? 웬디는 자기가 뭔데 이러는 거지?

Step 2 패턴 응용하기 | Who do(es) + 주어 + think + 주어 + be동사? + 명사 or something?

1 **Who do you think** you are? God **or something**? 네가 뭐라고 이러는 거니. 뭐 하나님이라도 되니?

2 **Who does she think** she is? My mom **or something**?
그녀는 자기가 뭐라고 이러는 거니? 자기가 뭐 우리 엄마라도 되나?

3 **Who does he think** he is? My boyfriend **or something**?
그는 자기가 뭐라고 이러는 거지? 뭐 내 남자 친구라도 되나?

4 ______________________? A genius ______________? 네가 뭐라고 이러는 거니? 무슨 천재라도 되니?

5 ______________________ he is? A superstar ______________?
존은 왜 저러는 거니? 자기가 무슨 슈퍼스타라도 되나?

Step 3 실생활에 적용하기

A Do what I tell you to do.
B 너 네가 뭐라고 이러는 거니?
A I'm just trying to help you.

A 내가 하라는 대로 해봐.
B Who do you think you are?
A 난 그냥 도와주려고 그러는 거야.

정답 Step 1 4 Who does Ryan think 5 Who does Wendy think Step 2 4 Who do you think you are / or something 5 Who does John think / or something

10-3.mp3

What are you + 동사-ing + (something/someone) + for?

뭐 하러/왜 ~하고 있는 거니?

Step 1 기본 패턴 연습하기

1 **What are you** doing that **for**? 뭐 하러 그걸 하고 있는 거니?

2 **What are you** studying **for**? 뭐 하러 공부하고 있는 거니?

3 **What are you** calling me **for**? 뭐 하러 나에게 전화하는 거니?

4 ______________ waiting ________? 뭐 하러 기다리고 있는 거니?

5 ______________ buying that ________? 뭐 하러 그걸 사는 거니?

Step 2 패턴 응용하기 | What is + he/she + 동사-ing + for

1 **What** is he saying that **for**? 그는 뭐 하러 저 말을 하는 거지?

2 **What** is she downloading that **for**? 그녀는 뭐 하러 저걸 다운 받고 있는 거지?

3 **What** is he crying **for**? 그는 왜 울고 있는 거지?

4 ______________ running ________? 그녀는 뭐 하러 뛰고 있는 거지?

5 ______________ using me ________? 그는 뭐 하러 날 이용하고 있는 거지?

Step 3 실생활에 적용하기

A 케이크는 뭐 하러 사는 거야?
B It's our very first anniversary.
A 축하해!

A What are you buying the cake for?
B 오늘이 우리 결혼 1주년 기념일이거든.
A Congratulations!

정답 Step 1 4 What are you / for 5 What are you / for Step 2 4 What is she / for 5 What is he / for

확인학습

문제를 풀며 오늘 배운 표현을 완벽히 내 것으로 만드세요.

A | 영화 속 대화를 완성해 보세요.

GASTON ❶ ________________ she is? That girl has ❷ ____________ the wrong man. No one says 'no' to Gaston!

자기가 뭐라고 이러는 거야? 그 여자가 사람을 잘못 건드렸네. 감히 가스통에게 '노'라고 하다니!

LEFOU Darn right! 그러게 말이야!

GASTON Dismissed. ❸ ____________. Publicly humiliated. Why, ❹ ________________ bear.

묵살. 거절. 공개적으로 창피를 당했다고. 아 이런, 참을 수 없을 정도야.

LEFOU More beer? 맥주 더 줄까?

GASTON ❺ ____________? ❻ ________________. I'm disgraced.

뭘 하러? 뭘 해도 도움이 안 돼. 난 망신을 당했다고.

LEFOU Who, you? Never. Gaston, you've got to ❼ ________________ ________________.

누가, 자네가? 절대 그런 일은 없어. 가스통, 정신 차려.

B | 다음 빈칸을 채워 문장을 완성해 보세요.

1 그는 자기가 뭐라고 이러는 거야?

________________ he is?

2 그녀는 자기가 뭐라고 이러는 거니? 자기가 뭐 우리 엄마라도 되나?

________________? My mom ____________?

3 뭘 하러 그걸 사는 거니?

________________ buying that ____________?

4 그는 뭘 하러 저 말을 하는 거지?

________________ saying that ____________?

5 그녀는 뭘 하러 뛰고 있는 거지?

________________ running ____________?

정답 A

❶ Who does she think

❷ tangled with

❸ Rejected

❹ it's more than I can

❺ What for

❻ Nothing helps

❼ pull yourself together

정답 B

1 Who does he think

2 Who does she think she is / or something

3 What are you / for

4 What is he / for

5 What is she / for

Day 11

A Horrible, Monstrous Beast

무시무시한 괴물 같은 야수

딸이 야수에게 잡혀있는 상황이라면 어떤 아빠라도 딸을 구하러[rescue] 나서겠죠? 모리스 역시 벨을 구하기 위해 주변에 도움을 청합니다. 모리스는 힘센 동네 청년들에게 도움을 청하기 위해 동네 술집[tavern]으로 찾아가는데요, 아니나다를까[sure enough] 가스통이 그곳에 동네 한량들과 모여 있네요. 벨이 괴물같이 생긴 야수에게 잡혀있다는 황당한[ridiculous] 이야기를 하자 동네 사람들은 모리스를 미친 사람 취급하며 조롱[mock]합니다. 그런데 이때 가스통이 선뜻 모리스를 돕겠다고 합니다. 벨을 좋아하는 가스통이지만, 어딘가 계략을 숨기고 있는 것 같아서 영 꺼림칙하네요.

Warm Up! 오늘 배울 표현

오늘 등장하는 표현들입니다. 어떤 표현이 들어가야 할지 생각해 보세요.

* He's got her ______ the dungeon. 그가 지하 감옥에 그녀를 가두었다고요.
* ______ to lose! 지체할 시간이 없어요!
* ______, Maurice. 침착해요, 모리스.
* ______ ugly! 흉측할 정도로 못생겼지!
* We'll ______ you ______. 우리가 돕겠소.

바로 이 장면!

오디오 파일을 듣고 3번 따라 말해보세요. 11-1.mp3

MAURICE 모리스
Please! Please, I need your help! He's got her. He's got her **locked in** the dungeon. ❶
제발! 제발, 도움이 필요해요! 그가 그녀를 데리고 있어요. 그가 지하 감옥에 그녀를 가두었다고요.

LEFOU 르푸
Who?
누구?

MAURICE 모리스
Belle. We must go. **Not a minute** to lose! ❷
벨. 가야 해요. 지체할 시간이 없다고!

GASTON 가스통
Whoa! **Slow down**, Maurice. Who's got Belle locked in a dungeon? ❸
워! 침착해요, 모리스. 누가 벨을 지하 감옥에 가두었단 말이오?

MAURICE 모리스
A beast! A horrible, monstrous beast!
야수가! 아주 끔찍한 괴물 같은 야수가!

CRONY 1 동네친구 1
Is it a big beast?
야수가 크던가?

MAURICE 모리스
Huge!
엄청 크다네!

CRONY 2 동네친구 2
With a long, ugly snout?
길고 못생긴 코도 있고?

MAURICE 모리스
Hideously ugly! ❹
흉측할 정도로 못생겼지!

CRONY 3 동네친구 3
And sharp, cruel fangs?
그리고 날카롭고, 잔혹한 송곳니도 있고?

MAURICE 모리스
Yes, yes. Will you help me?
맞아, 맞아. 날 좀 도와주겠나?

GASTON 가스통
All right, old man. We'll **help** you **out**. ❺
알았소, 영감. 우리가 돕겠소.

MAURICE 모리스
You will? Oh thank you, thank you!
정말로? 오 고맙네, 고마워!

장면 파헤치기

구문 설명과 예문으로 이 장면의 핵심 표현을 완벽히 이해하세요.

❶ He's got her locked in the dungeon. 그가 지하 감옥에 그녀를 가두었다고요.

lock in은 '가두다, 감금하다'라는 의미의 숙어예요. 이 문장에서는 get someone locked in '~을 감금시키다'로 표현했네요. 그런데 이 lock-in이 명사로 쓰이면 캠핑하듯이 사람들이 한 건물에 모여 문을 닫고 밤을 새우며 행사를 하는 것을 뜻한답니다.

★ 영화 속 패턴 익히기

❷ Not a minute to lose! 지체할 시간이 없어요!

일반적으로 a minute이나 a second는 아주 짧은 시간을 표현할 때 비유적으로 쓰는 경우가 많죠. Not a minute는 '1분도 아닌'이니까 '전혀 시간이 없다'는 의미로 쓰여요. 더 강조할 때는 not even a minute이라고 할 수도 있고요.

★ 영화 속 패턴 익히기

❸ Slow down, Maurice. 침착해요, 모리스.

'더 빠르게 가/움직여'라고 말할 때는 go/move faster라고 할 수도 있지만, 구어체에서는 speed up이라는 표현을 많이 씁니다. 말 그대로 speed '속도'를 up '올려'라는 거죠. 그와 반대로 '더 천천히 가/움직여'라고 할 때는 slow down이라는 표현을 많이 쓴답니다.

* Hey, **slow down**. You are going too fast. 야, 좀 천천히 가. 너무 빨리 가잖아.
* Let's **slow down** a bit. 우리 조금 천천히 하자.

❹ Hideously ugly! 흉측할 정도로 못생겼지!

보기 싫고 못생긴 것을 묘사할 때 우리는 ugly라고 하죠. hideously는 '흉측한'이라는 뜻으로 ugly한 것을 더욱 강조해서 표현했네요. 형용사형은 hideous입니다.

* Who is this **hideous** looking guy in the picture? 이 사진에 나온 흉측하게 생긴 이 남자 누구야?
* What a **hideous** sight! 너무 흉측한 광경이야!

❺ We'll help you out. 우리가 돕겠소.

help out은 '도와주다'라는 의미인데 굳이 help out이라고 표현한 이유가 있을까요? 특별한 이유가 있다기보다는 help가 '돕다'로 더 광범위한 표현이라면 help out은 곤경에 처한 대상을 도와줄 때 많이 쓰는 표현이에요. 특히 구어체에서 더 많이 쓰이고요.

* I'd be glad to **help** you **out**, but not right now. 도와주고 싶은데, 지금 당장은 힘들어.
* Can you **help** me **out** with this problem? 이 문제 푸는 것 좀 도와줄 수 있니?

영화 속 패턴 익히기

오늘 배운 장면에서 뽑은 핵심 패턴으로 다양한 표현을 만들어 보세요.

11-2.mp3

주어 + have/has got + someone/something + locked in ~

~가 ~를 ~에 가두었다.

Step 1 기본 패턴 연습하기

1 I **have got him locked in** the basement. 내가 그를 지하실에 가두었어.

2 She **has got the mouse locked in** her office. 그녀가 그 쥐를 그녀의 사무실에 가두었네.

3 Hailey **has got him locked in** the bathroom. 헤일리가 그를 화장실에 가두었지.

4 The policeman ______________________ the car. 그 경찰이 범죄자를 차에 가두었어.

5 Mom ______________________ her room. 엄마가 레이를 그녀의 방에 가두었다.

Step 2 패턴 응용하기 | 주어 + have/has got + someone/something + 과거분사

1 We **have got the thief captured** and tied up. 우리가 그 도둑을 잡아서 묶어 두었어.

2 Pat **has got his dog leashed** in the veranda. 팻이 자신의 개를 베란다에 개 끈으로 묶어 두었다.

3 I **have got him taken** care of. 그는 내가 처리했어.

4 They ______________________ stiff. 그들이 날 공포에 떨게 했어.

5 I ______________________ covered for dinner tonight. 오늘 저녁은 내가 너희들 것도 다 낼 거야.

Step 3 실생활에 적용하기

A Where is your little brother?

B 내 방에 가두었어.

A You shouldn't have done that.

A 네 동생 어디 있니?

B I've got him locked in my room.

A 그렇게 하지 말았어야만 해.

정답 Step 1 4 has got the criminal locked in 5 has got Ray locked in Step 2 4 have got me scared 5 have got you guys

11-3.mp3

Not a minute to + 동사. ~할 시간이 (1분도) 없어요.

Step 1 기본 패턴 연습하기

1 **Not a minute to** waste on it. 허비할 시간이 없어.

2 **Not a minute to** lose. They're after us. 1분도 지체하면 안 돼. 그들이 우릴 쫓아오고 있어.

3 **Not a minute to** spare. 전혀 여유가 없네.

4 ------------------------------. Hurry. 쉴 시간이 단 1분도 없단다. 서둘러 어서.

5 ------------------------------ wait. 1분도 못 기다려.

Step 2 패턴 응용하기 | There's not a second to + 동사

1 **There's not a second to** delay. 미룰 시간이 전혀 없어.

2 **There's not a second to** relax, we have to finish this in an hour.
긴장을 풀고 있을 시간이 없어. 한 시간 안에 이걸 끝내야 한다고.

3 **There's not a second to** think, everything moves so quickly.
생각할 시간이 단 1초도 없어. 모든 게 너무 빠르게 진행되네.

4 ------------------------------ when it comes to stock trading.
주식 거래를 할 때는 단 1초도 놓치면 안 돼.

5 ------------------------------, we must make the decision now!
허비할 시간이 없어. 지금 당장 결정해!

Step 3 실생활에 적용하기

A 허비할 시간 없어. 어서 가자고.
B Take it easy. We still have an hour left.
A 거기 가는 데 1시간 넘게 걸린다고.

A Not a minute to waste. Let's go already.
B 진정해. 아직 1시간이나 남았다고.
A It takes more than an hour to get there.

정답 Step 1 4 Not a minute to rest 5 Not a minute to Step 2 4 There's not a second to lose 5 There's not a second to waste

확인학습

문제를 풀며 오늘 배운 표현을 완벽히 내 것으로 만드세요.

A | 영화 속 대화를 완성해 보세요.

MAURICE Please! Please, ① ________________! He's got her. He's ② ________________ the dungeon.
제발! 제발, 도움이 필요해요! 그가 그녀를 데리고 있어요. 그가 지하 감옥에 그녀를 가두었다고요.

LEFOU Who? 누구?

MAURICE Belle. We must go. ③ ________________ to lose!
벨. 가야 해요. 지체할 시간이 없다고!

GASTON Whoa! ④ ________________, Maurice. ⑤ ________________ a dungeon?
워! 침착해요, 모리스. 누가 벨을 지하 감옥에 가두었단 말이오?

MAURICE A beast! A ⑥ ________________, monstrous beast!
야수가! 아주 끔찍한 괴물 같은 야수가!

CRONY 1 Is it a big beast? 야수가 크던가?

MAURICE ⑦ ________________! 엄청 크다네!

CRONY 2 With a long, ugly snout? 길고 못생긴 코도 있고?

MAURICE ⑧ ________________ ugly! 흉측할 정도로 못생겼지!

CRONY 3 And sharp, ⑨ ________________? 그리고 날카롭고, 잔혹한 송곳니도 있고?

MAURICE Yes, yes. Will you help me? 맞아, 맞아. 날 좀 도와주겠나?

GASTON All right, old man. We'll ⑩ ________________.
알았소, 영감. 우리가 돕겠소.

MAURICE You will? Oh thank you, thank you! 정말로? 오 고맙네, 고마워!

B | 다음 빈칸을 채워 문장을 완성해 보세요.

1 내가 그를 지하실에 가두었어.
I ________________ the basement.

2 그녀가 그 쥐를 그녀의 사무실에 가두었네.
She ________________ her office.

3 우리가 그 도둑을 잡아서 묶어 두었어.
We ________________ and tied up.

4 생각할 시간이 단 1초도 없어. 모든 게 너무 빠르게 진행되네.
________________, everything moves so quickly.

5 허비할 시간이 없어, 지금 당장 결정해!
________________, we must make the decision now!

정답 A

① I need your help
② got her locked in
③ Not a minute
④ Slow down
⑤ Who's got Belle locked in
⑥ horrible
⑦ Huge
⑧ Hideously
⑨ cruel fangs
⑩ help you out

정답 B

1 have got him locked in
2 has got the mouse locked in
3 have got the thief captured
4 There's not a second to think
5 There's not a second to waste

Day 12

Belle in an Enchanted Castle

마법의 성에 온 벨

벨은 야수의 성에 사는 식구들과 처음으로 만나게 됩니다. 그들은 야수의 시중을 들던 하인들servants로 야수와 함께 마법에 걸려 시계, 옷장, 컵 등으로 변했죠. 게다가 그들은 사람처럼 말을 합니다. 물건이 말을 하는 걸 본 벨은 처음엔 소스라치게 놀랐지만, 친절하고 따뜻한 그들에게 차차 익숙해집니다get used to. 포트 부인의 위로를 받으며 벨은 자신이 처한 슬픈 상황을 잠시나마 잊을 수 있습니다. 그러는 사이, 저녁 식사가 준비됐습니다.

Warm Up! 오늘 배울 표현

오늘 등장하는 표현들입니다. 어떤 표현이 들어가야 할지 생각해 보세요.

* ________ like a spot of tea. 혹시 차 한 잔 드시고 싶어 할 것 같아서요.
* This is ________. 이건 불가능해.
* ________ she was pretty, mama, didn't I? 내가 이 분 예쁘다고 그랬잖아요, 엄마, 안 그래요?
* ________. 그 정도면 됐어.
* Wanna see me ________? 신기한 것 보여 드릴까요?

바로 이 장면!

오디오 파일을 듣고 3번 따라 말해보세요. 12-1.mp3

BELLE 벨	Who is it? 누구세요?
MRS. POTTS 포트 부인	Mrs. Potts, dear. **I thought you might** like a spot of tea.[1] 포트 부인이에요, 아가씨. 혹시 차 한 잔 드시고 싶어 할 것 같아서요.
BELLE 벨	But you...ah...but...I-- 하지만 당신은…아…그렇지만…난…
WARDROBE 옷장	Oof. Careful! 우, 조심해요!
BELLE 벨	This is **impossible**—[2] 이건 불가능해…
WARDROBE 옷장	I know it is, but here we are! 알아요, 하지만 우리가 이렇답니다!
CHIP 칩	**Told ya** she was pretty, mama, didn't I?[3] 내가 이 분 예쁘다고 그랬잖아요, 엄마, 안 그래요?
MRS. POTTS 포트 부인	All right, now, Chip. **That'll do.**[4] 알았구나, 자, 칩. 그 정도면 됐어.
MRS. POTTS 포트 부인	Slowly, now. Don't spill! 천천히, 자. 흘리지 말고!
BELLE 벨	Thank you. 고마워요.
CHIP 칩	Wanna see me **do a trick**?[5] 신기한 것 보여 드릴까요?
MRS. POTTS 포트 부인	Chip! 칩!
CHIP 칩	Oops. Sorry. 이크. 죄송해요.

장면 파헤치기

구문 설명과 예문으로 이 장면의 핵심 표현을 완벽히 이해하세요.

❶ I thought you might like a spot of tea. 혹시 차 한 잔 드시고 싶어 할 것 같아서요.

I thought you might~은 '혹시나 당신이 ~하지 않을까 생각했어요'라는 의미의 패턴이에요. I thought you might like~, I thought you might want~ 등의 표현으로 시작하는 경우가 많은데 무엇을 권하거나 추천할 때 자주 쓰는 표현이에요.

★ 영화 속 패턴 익히기

❷ This is impossible. 이건 불가능해.

impossible은 '불가능한'이라는 의미로 이 장면에서는 '세상에 이런 일이 있을 수 있다니 믿기지 않는다'는 의미로 쓰였어요. 사람을 묘사할 때 이 단어를 쓰면 '구제불능' '아주 난감한 사람'이라는 의미가 되기도 한답니다.

* You're just **impossible.** 넌 정말 구제불능이야.
* This is **impossible**. How could you finish this test in 5 minute?
  이건 말도 안 돼. 어떻게 이 테스트를 5분 만에 끝낼 수가 있니?

❸ Told ya she was pretty, mama, didn't I? 내가 이 분 예쁘다고 그랬잖아요, 엄마, 안 그래요?

내가 예측했던 말 그대로 결과가 나왔을 때 상대방에게 '그것 봐, 내가 그랬잖아'라고 말하죠? 그때 쓰는 말이 I told you.예요. 구어체에서는 주어를 생략하고 Told you만 쓰는 경우도 많아요. 위 문장에서는 약간 애교 섞인 사투리처럼 Told ya라고 칩이 말했네요.

★ 영화 속 패턴 익히기

❹ That'll do. 그 정도면 됐어.

무엇이 충분하다고 말할 때 쓰는 표현이에요. That's enough.와 같은 의미이고 '그 정도면 되겠다'고 상대방에게 승인해줄 때 쓰이는 경우가 많아요. That'll은 That will을 짧게 쓴 것이고요.

* **That will do** for now. 우선 지금은 그 정도면 됐어.
* All right, **that'll do.** I don't need anymore. 좋아, 그거면 됐어. 더 이상은 필요 없어.

❺ Wanna see me do a trick? 신기한 것 보여 드릴까요?

do a trick은 '속임수를 쓰다, 트릭을 하다'라는 의미예요. 이 장면에서는 칩이 귀여운 묘기를 보여주죠. a 대신에 the를 넣어서 do the trick이라고 하면 (필요로 하는 것/원하는 것에) '성공하다, 효험이 있다'라는 의미가 됩니다.

* I'm going to **do a trick** on you. 난 너에게 속임수를 쓸 거야.
* This pill will **do the trick**. You'll feel better right away. 이 약이 효험이 있을 거야. 금방 나을 거라고.

영화 속 패턴 익히기

오늘 배운 장면에서 뽑은 핵심 패턴으로 다양한 표현을 만들어 보세요.

12-2.mp3

I thought you might ~ 혹시나 당신이 ~ 않을까 싶어서요.

Step 1 기본 패턴 연습하기

1 **I thought you might** be interested. 혹시 관심 있어 할 것 같아서요.

2 **I thought you might** be in the office. 혹시 사무실에 있을까 해서요.

3 **I thought you might** like a cup of coffee. 혹시 커피 한 잔 마시고 싶으실까 해서요.

4 ______________________________ busy. 좀 바쁘실 것 같아서요.

5 ______________________________ something to say to me.
내게 혹시 뭐 할 말이 있지 않을까 해서요.

Step 2 패턴 응용하기 | I thought you might want ~

1 **I thought you might want** some breakfast. 네가 아침 먹고 싶지 않을까 해서.

2 **I thought you might want** to know. 네가 알고 싶지 않을까 해서.

3 **I thought you might want** some company. 네가 동료를 필요로 하지 않을까 해서.

4 ______________________________ see this. 네가 이걸 보고 싶어 할 것 같아서.

5 ______________________________ about it. 네가 이것에 대해서 얘기 나누고 싶어 할 것 같아서.

Step 3 실생활에 적용하기

A 오늘 아침에 카페에서 매튜가 공부하고 있는 것 봤어.
B Oh, you did? Why are you telling me this, though?
A 왠지 네가 알고 싶지 않을까 해서.

A I saw Matthew studying at a cafe this morning.
B 아, 그랬어? 근데 왜 나한테 그 얘기를 하는 거야?
A I thought you might want to know.

정답 Step 1 4 I thought you might be 5 I thought you might have Step 2 4 I thought you might want to 5 I thought you might want to talk

12-3.mp3

Told you + (that) + 주어 + 동사 　내가 ~라고 했잖아.

Step 1 기본 패턴 연습하기

1 **Told you** she was taller than you. 그녀가 너보다 크다고 그랬잖아.

2 **Told you** he could pull it off. 그가 해낼 것이라고 내가 그랬잖아.

3 **Told you** no one was here. 여기 아무도 없을 거라고 했잖아.

4 ________________ was broken. 고장 난 것 없다고 그랬잖아.

5 ________________ better than yours. 내 것이 네 것보다 좋다고 했잖아.

Step 2 패턴 응용하기 | I told you so many times + (that) + 주어 + 동사 (현재 or 과거)

1 **I told you so many times that** you shouldn't see him. 그와 만나지 말라고 내가 도대체 몇 번을 말했니.

2 **I told you so many times that** he doesn't like Adam. 그가 아담 안 좋아한다고 내가 수도 없이 말했잖아.

3 **I told you so many times that** I love you. 당신을 사랑한다고 셀 수도 없이 많이 말했잖아요.

4 ________________________ I wasn't happy. 난 행복하지 않다고 수도 없이 많이 얘기했어.

5 ________________________ are better off without him.
그가 없는 게 오히려 우리에겐 더 이익이라고 도대체 몇 번을 말했니.

Step 3 실생활에 적용하기

A Vivian didn't call me.
B 걔 너한테 관심 없다고 내가 그랬잖아.
A But she told me that she would call me last night.

A 비비안이 전화 안 했어.
B Told you she wasn't interested in you.
A 하지만 그녀가 어젯밤에 전화할 거라고 그랬단 말이야.

정답 Step 1 4 Told you nothing 5 Told you mine was Step 2 4 I told you so many times that 5 I told you so many times that we

확인학습

문제를 풀며 오늘 배운 표현을 완벽히 내 것으로 만드세요.

A | 영화 속 대화를 완성해 보세요.

BELLE ❶ ______________? 누구세요?

MRS. POTTS Mrs. Potts, dear. I thought ❷ ______________ a spot of tea. 포트 부인이에요, 아가씨. 혹시 차 한 잔 드시고 싶어 할 것 같아서요.

BELLE But you...ah...but...I-- 하지만 당신은…아…그렇지만…난…

WARDROBE Oof. ❸ ______________! 우, 조심해요!

BELLE This is ❹ ______________— 이건 불가능해…

WARDROBE I know it is, but ❺ ______________! 알아요, 하지만 우리가 이렇답니다!

CHIP ❻ ______________ she was pretty, mama, didn't I? 내가 이 분 예쁘다고 그랬잖아요, 엄마, 안 그래요?

MRS. POTTS All right, now, Chip. ❼ ______________. 알았구나, 자, 칩. 그 정도면 됐어.

MRS. POTTS Slowly, now. ❽ ______________! 천천히, 자. 흘리지 말고!

BELLE Thank you. 고마워요.

CHIP Wanna see me ❾ ______________? 신기한 것 보여 드릴까요?

MRS. POTTS Chip! 칩!

CHIP Oops. ❿ ______________. 이크, 죄송해요.

B | 다음 빈칸을 채워 문장을 완성해 보세요.

1 혹시 관심 있어 할 것 같아서요.
______________ be interested.

2 나한테 혹시 뭐 할 말이 있지 않을까 해서요.
______________ something to say to me.

3 네가 알고 싶지 않을까 해서.
______________ to know.

4 망가진 거 없다고 그랬잖아.
______________ was broken.

5 난 행복하지 않다고 셀 수도 없이 많이 얘기했어.
______________ I wasn't happy.

정답 A

❶ Who is it
❷ you might like
❸ Careful
❹ impossible
❺ here we are
❻ Told ya
❼ That'll do
❽ Don't spill
❾ do a trick
❿ Sorry

정답 B

1 I thought you might
2 I thought you might have
3 I thought you might want
4 Told you nothing
5 I told you so many times that

Day 13

The One to Break the Spell

마법을 풀어 줄 사람

야수와 사랑에 빠져 마법을 풀어 줄break the spell 사람만을 기다려온 성안의 식구들은 느낌으로 알아차립니다recognize. 벨이 바로 그 사람일 거라는 것을 말이에요. 하지만 야수는 두려운 마음을 감출 수가 없습니다. 벨처럼 아름다운 여인이 흉측한 야수를 사랑할 리 없다는 생각에 말이에요. 하인들은 벨에게 최대한 상냥하게 대하라고 하지만, 오랜 은둔 생활reclusive life로 신경질anger이 몸에 배어버린 야수는 그게 어렵기만 해요. 장미꽃이 시들어wilt 다 떨어지기 전에 과연 야수는 벨과 사랑에 빠질 수 있을까요?

Warm Up! 오늘 배울 표현

오늘 등장하는 표현들입니다. 어떤 표현이 들어가야 할지 생각해 보세요.

* What's ____________? 뭐가 이렇게 오래 걸리는 거야?
* The girl has lost her father and her freedom ____________. 그녀는 단 하루 만에 아버지와 자유 모두를 잃었잖아요.
* You ____________ her, she ____________ you, and--Poof!--the spell is broken! 당신이 그녀를 사랑하게 되고, 그녀도 당신을 사랑하게 되면, 팟! 마법이 풀렸어요!
* These things ____________. 이런 일은 시간이 걸리게 마련이야.
* It's ____________. 어차피 상관없어.

바로 이 장면!

오디오 파일을 듣고 3번 따라 말해보세요. 13-1.mp3

BEAST 야수

What's **taking so long**? ① I told her to come down. Why isn't she here yet?!?

뭐가 이렇게 오래 걸리는 거야? 내가 내려오라고 했잖아. 근데 왜 아직도 안 온 거야?!?

MRS. POTTS 포트 부인

Oh, try to be patient, sir. The girl has lost her father and her freedom **all in one day**. ②

오. 인내심을 가지세요. 주인님. 그녀는 단 하루 만에 아버지와 자유 모두를 잃었잖아요.

LUMIERE 뤼미에르

Uh, master. Have you thought that, perhaps, this girl could be the one to break the spell?

어. 주인님. 그런 생각은 해 보셨나요. 혹시. 이 여인이 마법을 풀어 줄 바로 그 귀인일 수도 있다는 것을?

BEAST 야수

Of course I have. I'm not a fool.

당연하지. 난 바보가 아니라고.

LUMIERE 뤼미에르

Good. You **fall in love with** her, she **falls in love with** you, and--Poof!--the spell is broken! ③ We'll be human again by midnight!

좋아요. 당신이 그녀를 사랑하게 되고. 그녀도 당신을 사랑하게 되면. 팟! 마법이 풀렸어요! 우린 자정에 다시 인간이 되는 거죠!

MRS. POTTS 포트 부인

Oh, it's not that easy, Lumiere. These things **take time**. ④

오. 그렇게 쉽지만은 않을 거야. 뤼미에르. 이런 일은 시간이 걸리게 마련이야.

LUMIERE 뤼미에르

But the rose has already begun to wilt.

하지만 벌써 장미가 시들기 시작했다고요.

BEAST 야수

It's **no use**. ⑤ She's so beautiful, and I'm so...well, look at me!

어차피 상관없어. 그녀는 너무나도 아름다운데 난 너무…아. 내 모습을 좀 보라고!

장면 파헤치기

구문 설명과 예문으로 이 장면의 핵심 표현을 완벽히 이해하세요.

❶ What's taking so long? 뭐가 이렇게 오래 걸리는 거야?

take so long은 상대방이 짜증이 날 정도로 무엇을 하는데 시간이 오래 걸리는 경우에 쓰는 표현이에요. 예를 들어, 볼일이 급한데 누군가 화장실에서 오랫동안 안 나오면 What's taking (you) so long? '뭐 때문에 이렇게 오래 걸려?' 이렇게 쓸 수 있답니다.

* **What took you so long?** I've waited for an hour. 뭐가 이렇게 오래 걸렸어? 한 시간이나 기다렸잖아.
* I don't know **what's taking him so long** to reply. 그가 응답하는데 뭐 이렇게 오래 걸리는 건지 모르겠네.

❷ The girl has lost her father and her freedom all in one day.

그녀는 단 하루 만에 아버지와 자유 모두를 잃었잖아요.

'하루 만에'라고 표현할 때는 in one day 혹은 in a day라고 해요. 그런데 많은 일이 단 하루 만에 한꺼번에 일어났을 경우에는 all in one day이라고 할 수 있습니다.

★ 영화 속 패턴 익히기

❸ You fall in love with her, she falls in love with you, and--Poof!--the spell is broken!

당신이 그녀를 사랑하게 되고, 그녀도 당신을 사랑하게 되면, 펏! 마법이 풀렸어요!

흔히 우리가 '사랑에 빠진다'라고 표현하는 것처럼 영어로도 fall in love라는 표현을 써요. 그런데 사랑은 혼자 하는 게 아니라 보통 어떤 대상과 빠지는 것이기 때문에 뒤에 with가 따라와서 fall in love with someone이 된답니다.

* Have you ever **fallen in love with** someone you shouldn't have?
  혹시 사랑하면 안 될 사람과 사랑에 빠져 본 적이 있나요?
* I **fell in love with** your older brother. 난 네 오빠를 사랑하게 됐어.

❹ These things take time. 이런 일은 시간이 걸리게 마련이야.

무엇을 이루려면 시간, 돈, 노력 등등을 투자해야 하는데 그럴 때 쓰는 동사가 take이에요. 예를 들어, '그 자격증 따려면 많은 돈과 시간이 들어.'라고 할 때는 'It takes a lot of money and time to get that certificate.' 이라고 하죠.

★ 영화 속 패턴 익히기

❺ It's no use. 어차피 상관없어.

무엇을 해도 안 될 때 no use '소용없다'라고 해요. pointless, useless와 같은 의미의 표현인데 문맥에 따라서는 '상관없다, 하나 마나다'와 같은 해석이 더 어울리기도 하죠.

* It's **no use** getting angry. 화내봐야 소용없어.
* It's **no use** trying it again. 다시 해봐야 소용없어.

 오늘 배운 장면에서 뽑은 핵심 패턴으로 다양한 표현을 만들어 보세요.

13-2.mp3

주어 + have/has lost + 명사구 + all in one day
단 하루 만에 ~을 잃었다.

Step 1 기본 패턴 연습하기

1 She **has lost** everything she had **all in one day**. 그녀는 그녀가 갖고 있던 모든 것을 단 하루 만에 다 잃었어.

2 He **has lost** all of his family **all in one day**. 그는 단 하루 만에 그의 가족 모두를 잃고 말았어.

3 I **have lost** all of my friends **all in one day**. 난 단 하루 만에 내 모든 친구를 잃었다.

4 We __________ of our assets __________. 우린 모든 자산을 단 하루 만에 다 잃었네.

5 I __________ my motivation, belief, and hope __________.
난 단 하루 만에 나의 동기, 신념, 그리고 희망까지 모두 잃었어.

Step 2 패턴 응용하기 | 주어 + have/has + 동사 + 명사구 + all in one day

1 We **have** accomplished this **all in one day**. 우린 이 모든 것을 단 하루 만에 이루었어.

2 He **has** won a gold, a silver, and a bronze medal **all in one day**.
그는 단 하루 동안 금, 은, 동메달을 다 땄다.

3 I **have** finished reading these books **all in one day**. 난 이 책들을 단 하루 만에 다 읽었어.

4 She __________ 5 interviews __________.
그녀는 단 하루 만에 인터뷰를 다섯 개나 했어요.

5 Would it be ____________________? 이걸 단 하루 만에 다 하는 게 가능할까요?

Step 3 실생활에 적용하기

A 그걸 정말 단 하루 만에 다 했단 말이야?

B Yeah, and it wasn't easy.

A 넌 정말 대단한 아이로구나!

A Did you really finish this all in one day?

B 응, 쉽진 않았어.

A You really are something!

정답 Step 1 4 have lost all / all in one day 5 have lost / all in one day Step 2 4 has done / all in one day 5 possible to do it all in one day

13-3.mp3

주어 + take time

시간이 걸린다.

Step 1 기본 패턴 연습하기

1 Getting used to a new job **takes time.** 새 직장에 익숙해지려면 시간이 걸리지.

2 True friendship **takes time** to build. 진정한 우정을 쌓으려면 시간이 걸려.

3 Adapting to a new environment **takes time.** 새로운 환경에 적응하려면 시간이 걸려요.

4 Finding the right person and building a ______________________.
자신과 잘 맞는 이성을 만나서 좋은 관계를 만들어 가는 건 시간이 걸리는 일이야.

5 Love ______________. 사랑은 시간이 걸리는 법이야.

Step 2 패턴 응용하기 | It takes + 명사 + to + 동사

1 **It takes** courage to love. 사랑하려면 용기가 필요해.

2 **It takes** a lot of effort to be noticeable. 눈에 띄려면 노력을 많이 해야 해.

3 **It takes** money to make money. 돈을 벌려면 돈이 있어야 하는 거야.

4 ______________________ and time to homeschool a child.
아이를 홈스쿨 하려면 에너지와 시간을 많이 투자해야 해.

5 ______________ two to tango. 탱고를 추려면 두 명이 있어야 해. (손뼉도 마주쳐야 소리가 나지)

Step 3 실생활에 적용하기

A What does it take to be a great firefighter like you?
B 용기와 열정이 있어야지.
A I wish I could be like you.

A 당신처럼 멋진 소방수가 되려면 어떤 자질들이 필요한가요?
B It takes courage and passion.
A 저도 당신처럼 되고 싶어요.

정답 Step 1 4 good relationship take time 5 takes time Step 2 4 It takes a lot of energy 5 It takes

확인학습

문제를 풀며 오늘 배운 표현을 완벽히 내 것으로 만드세요.

A | 영화 속 대화를 완성해 보세요.

BEAST What's ❶ ______________? I told her to ❷ ______________. Why isn't she here yet?!?
뭐가 이렇게 오래 걸리는 거야? 내가 내려오라고 했잖아. 근데 왜 아직도 안 온 거야?!?

MRS. POTTS Oh, try to ❸ ______________, sir. The girl has lost her father and her freedom ❹ ______________.
오, 인내심을 가지세요, 주인님. 그녀는 단 하루 만에 아버지와 자유 모두를 잃었잖아요.

LUMIERE Uh, master. Have you thought that, perhaps, this girl could be the one to ❺ ______________? 어, 주인님. 그런 생각은 해 보셨나요, 혹시, 이 여인이 마법을 풀어 줄 바로 그 귀인일 수도 있다는 것을?

BEAST Of course I have. I'm not a fool. 당연하지. 난 바보가 아니라고.

LUMIERE Good. You ❻ ______________ her, she falls in love with you, and--Poof!--the spell is broken! We'll be human again ❼ ______________! 좋아요. 당신이 그녀를 사랑하게 되고, 그녀도 당신을 사랑하게 되면, 팻! 마법이 풀렸어요! 우린 자정에 다시 인간이 되는 거죠!

MRS. POTTS Oh, it's not that easy, Lumiere. These things ❽ ______________.
오, 그렇게 쉽지만은 않을 거야, 뤼미에르. 이런 일은 시간이 걸리게 마련이야.

LUMIERE But the rose has already begun to wilt.
하지만 벌써 장미가 시들기 시작했다고요.

BEAST It's ❾ ______________. She's so beautiful, and I'm so...well, look at me!
어차피 상관없어. 그녀는 너무나도 아름다운데 난 너무…아, 내 모습을 좀 보라고!

B | 다음 빈칸을 채워 문장을 완성해 보세요.

1 난 단 하루 만에 내 모든 친구를 잃었다.
I have lost all of my friends ______________.

2 이걸 단 하루 만에 다 하는 게 가능할까요?
Would it be possible to ______________?

3 새로운 환경에 적응하려면 시간이 걸려요.
Adapting to a new environment ______________.

4 사랑하려면 용기가 필요해.
______________ to love.

5 돈을 벌려면 돈이 있어야 하는 거야.
______________ to make money.

정답 A

❶ taking so long
❷ come down
❸ be patient
❹ all in one day
❺ break the spell
❻ fall in love with
❼ by midnight
❽ take time
❾ no use

정답 B

1 all in one day
2 do it all in one day
3 takes time
4 It takes courage
5 It takes money

Day 14

Hopeless Monster

희망 없는 야수

야수는 벨에게 저녁을 함께 먹자고 권하지만, 벨은 끝끝내 거절합니다. 사나운 야성[wild nature]을 억누르며 어떻게든 벨을 회유하려던 야수는 결국 욱하는 성격을[hot temper] 참지 못하고 화를 내고 마네요. 이로써 벨의 마음은 더욱더 꽁꽁 닫혀 버립니다. 야수가 애쓰는 모습이 안쓰럽네요[pitiable]. 벨이 자신과 친해지고 싶어 하지 않는다는 것을 안 야수는 희망이 없다며 낙심합니다. 하지만 포기하기엔 아직 이릅니다.

Warm Up! 오늘 배울 표현

오늘 등장하는 표현들입니다. 어떤 표현이 들어가야 할지 생각해 보세요.

* Why, the master's not so bad once you ______ him.
  아유, 주인님도 알고 보면 그렇게 나쁜 분이 아니세요.
* I don't want to ______ anything ______ him! 난 그와 아무것도 하고 싶지 않다고요!
* I'm just ______. 나 스스로를 기만하고 있는 거야.
* She'll never ______ me ______ a monster.
  그녀는 나를 어떤 존재로도 보지 않을 거야…야수 말고는.
* It's ______. 가망이 없어.

바로 이 장면!

오디오 파일을 듣고 3번 따라 말해보세요. 14-1.mp3

BEAST 야수

I ask nicely, but she refuses. What a...what does she want me to do--beg? Show me the girl.

난 상냥하게 물었는데, 그녀가 거절했어. 뭐, 도대체 날 보고 어쩌라는 거야, 빌기라고 하라는 건가? 그녀를 보여줘.

WARDROBE 옷장

Why, the master's not so bad once you **get to know** him. ❶ Why don't you give him a chance?

아유, 주인님도 알고 보면 그렇게 나쁜 분이 아니세요. 그에게 한 번만 기회를 주시면 어떨까요?

BELLE 벨

I don't want to get to know him. I don't want to **have** anything **to do with** him! ❷

난 그와 친해지고 싶지 않아요. 난 그와 아무것도 하고 싶지 않다고요!

BEAST 야수

I'm just **fooling myself.** ❸ She'll never **see** me **as anything...but** a monster. ❹

나 스스로를 기만하고 있는 거야. 그녀는 나를 어떤 존재로도 보지 않을 거야…야수 말고는.

BEAST 야수

It's **hopeless.** ❺

가망이 없어.

장면 파헤치기

구문 설명과 예문으로 이 장면의 핵심 표현을 완벽히 이해하세요.

❶ Why, the master's not so bad once you **get to know** him. 아유, 주인님도 알고 보면 그렇게 나쁜 분이 아니세요.

잘 모르는 사이에 서로 '알아가다, 친해지다'라는 표현은 get to know를 쓰는 것이 가장 좋아요. become to know를 쓰는 경우를 종종 보는데 그건 콩글리시예요. '~하게 되다'라고 할 때 get to를 쓰는 것을 잊지 마세요.

★ 영화 속 패턴 익히기

❷ I don't want to **have** anything **to do with** him! 난 그와 아무것도 하고 싶지 않다고요!

'~와 관련/상관이 있다, 혹은 관계를 맺다'라고 할 때 구어체에서 가장 많이 쓰는 표현은 have (혹은 have got) something to do with something/someone이에요. 중간에 있는 something을 다른 단어들로 대체해서 쓸 수 있어요.

★ 영화 속 패턴 익히기

❸ I'm just **fooling myself**. 나 스스로를 기만하고 있는 거야.

fool은 명사로 '바보'라는 뜻인데, 이 단어가 동사로 쓰이면 '속이다, 기만하다'라는 의미가 된답니다. 자신을 속이는 것은 fool oneself로 표현할 수 있습니다.

* Cindy is **fooling you** with her sweet talk. 신디가 널 달콤한 말로 속이고 있는 거야.
* You may not realize it but you are **fooling yourself**. 넌 모를 수도 있겠지만 지금 넌 스스로를 기만하고 있는 거야.

❹ She'll never **see** me **as anything...but** a monster. 그녀는 나를 어떤 존재로도 보지 않을 거야…야수 말고는.

see someone as something/someone은 '~를 ~으로 보다'라는 의미의 표현인데, 거기서 조금 더 나아가서 do not see someone as anything but ~이라고 하면 '~을 ~이외의 존재로는 보지 않는다' 곧 '~으로만 본다'라는 의미가 된답니다.

* I don't **see him as anything but** a friend. 난 그를 그냥 친구로 밖에는 보지 않아.
* She doesn't **see you as anything but** a creep. 그녀는 너를 얼간이라고만 생각해.

❺ It's **hopeless**. 가망이 없어.

더는 희망이 없을 때 hopeless라는 표현을 써요. 주어를 바꿔서 사람이나 특정 상황에 대해 이 단어를 쓰면 '그는/그것은 절망적이야, 형편없어'라는 뜻이 되죠. 예를 들어, He's a hopeless driver. '그는 운전은 젬병이야', My situation is hopeless. '내 상황은 절망적이야' 이렇게 말이죠.

* I lost everything I had. It's **hopeless**. 난 내가 가진 모든 것을 잃었어. 더는 희망이 없다.
* We are 10 points behind. It's **hopeless**. 우린 10점을 뒤지고 있어. (이길) 가망이 없네.

영화 속 패턴 익히기

오늘 배운 장면에서 뽑은 핵심 패턴으로 다양한 표현을 만들어 보세요.

14-2.mp3

주어 + (조동사) + get to know + someone ~가 ~와/를 알게 되다/친해지다.

Step 1 기본 패턴 연습하기

1 I want to **get to know** him. 난 그와 친해지고 싶어.

2 We didn't **get to know** each other. 우린 서로 친해지지 못했어.

3 We will play a game to **get to know** one another. 서로를 알아가기 위한 게임을 할 거예요.

4 ______________________ who will be working with you.
당신과 함께 일하게 될 사람들과 친해질 거예요.

5 We recommend you to spend some time to ______________.
우리를 알아가는 시간을 갖는 것을 추천해요.

Step 2 패턴 응용하기 | 주어 + 조동사 + get to know someone better

1 I hope I will **get to know him better** over the weekend. 이번 주말 동안 그와 친해질 수 있으면 좋겠다.

2 I want to **get to know you better.** 너와 더 친해지고 싶어.

3 If we hang out together, we'll **get to know each other better.**
같이 어울려 놀고 나면 우린 좀 더 친해질 거예요.

4 How can I ______________________ fast? 다른 사람과 빨리 친해지려면 어떻게 해야 하죠?

5 She's so cute, I want to ______________________. 그녀는 정말 귀여워, 나 그녀와 더 친해지고 싶어.

Step 3 실생활에 적용하기

A 그녀와 좀 더 친해졌니?	A Did you get to know her better?
B Yeah. We became friends.	B 응. 우리 서로 친구하기로 했어.
A 잘됐구나!	A Good for you!

정답 Step 1 4 You'll get to know the people 5 get to know us Step 2 4 get to know someone better 5 get to know her better

14-3.mp3

I don't want to have anything to do with + someone/something 난 ~와 어떠한 관계도 맺고 싶지 않다.

Step 1 기본 패턴 연습하기

1 **I don't want to have anything to do with** this case. 난 이 일과 어떤 관계도 맺고 싶지 않아요.

2 **I don't want to have anything to do with** you anymore. 난 너와 더 이상 어떤 관계도 맺고 싶지 않아.

3 **I don't want to have anything to do with** any of your friends.
네 친구들과는 어떤 관계도 맺고 싶지 않아.

4 ______________________________ my ex-boyfriend.
내 전 남자 친구와는 어떤 관계도 맺고 싶지 않아.

5 ______________________________ those people.
난 그 사람들과는 어떤 관계도 맺고 싶지 않아.

Step 2 패턴 응용하기 | 주어 + have/has ~ + to do with + someone/something

1 I **have** nothing **to do with** that criminal. 난 그 범죄자와는 아무런 관계도 없어.

2 Going bald **has** so much **to do with** genetics. 대머리가 되는 것은 유전자와 아주 많은 관련이 있지.

3 Does it **have** something **to do with** trust? 뭔가 신뢰와 관련 있는 건가요?

4 Looking attractive ______________________________ age. 매력적으로 보이는 건 나이와는 아무 상관이 없어요.

5 This ______________________________ climate change. 이건 기후 변화와 관련이 많아요.

Step 3 실생활에 적용하기

A 이 깨진 창문이 너와 관련이 있는 일이니?

B No, it has nothing to do with me.

A 그럼, 누가 그런 거야? 지금 당장 말해!

A Does this broken window have anything to do with you?

B 아니에요, 저와는 아무 관련이 없어요.

A Then, who has done this? Tell me right now!

정답 Step 1 4 I don't want to have anything to do with 5 I don't want to have anything to do with Step 2 4 has nothing to do with 5 has a lot to do with

확인학습 문제를 풀며 오늘 배운 표현을 완벽히 내 것으로 만드세요.

A | 영화 속 대화를 완성해 보세요.

BEAST I ask ❶ ________, but she ❷ ________. What a...what does she want me to do--beg? ❸ ________.
난 상냥하게 물었는데, 그녀가 거절했어. 뭐, 도대체 날 보고 어쩌라는 거야. 빌기라고 하라는 건가? 그녀를 보여줘.

WARDROBE Why, the master's not so bad once you ❹ ________ him. Why don't you ❺ ________?
아유, 주인님도 알고 보면 그렇게 나쁜 분이 아니세요. 그에게 한 번만 기회를 주시면 어떨까요?

BELLE I don't want to get to know him. I don't want to ❻ ________ him!
난 그와 친해지고 싶지 않아요. 난 그와 아무것도 하고 싶지 않다고요!

BEAST I'm just ❼ ________. She'll never ❽ ________...but a monster.
나 스스로를 기만하고 있는 거야. 그녀는 나를 어떤 존재로도 보지 않을 거야…야수 말고는.

BEAST It's ❾ ________.
가망이 없어.

정답 A

❶ nicely
❷ refuses
❸ Show me the girl
❹ get to know
❺ give him a chance
❻ have anything to do with
❼ fooling myself
❽ see me as anything
❾ hopeless

B | 다음 빈칸을 채워 문장을 완성해 보세요.

1 난 그녀와 친해지고 싶어.
I want to ________.

2 이번 주말 동안 그와 친해질 수 있으면 좋겠다.
I hope ________ over the weekend.

3 난 너와 더 이상 어떤 관계도 맺고 싶지 않아.
________ you anymore.

4 난 그 범죄자와는 아무런 관계도 없어.
________ that criminal.

5 이건 기후 변화와 많은 관련이 있어.
This ________ climate change.

정답 B

1 get to know her
2 I will get to know him better
3 I don't want to have anything to do with
4 I have nothing to do with
5 has a lot to do with

Day 15

Be Our Guest!

우리의 손님이 되어 주세요!

야수와 벨이 가까워지는 것은 도무지 불가능해 보입니다. 하지만 성의 식구들은 끝까지 희망의 끈을 놓지 않죠. 그들은 저녁도 못 먹은 벨이 배가 고플까 염려하여 화려하고[fancy] 맛있는 식사를 대접합니다[serve]. 거기에 음악까지 준비하는 센스도 잊지 않죠. 이때 부르는 노래가 바로 그 유명한 〈Be Our Guest!〉입니다. 우리의 벨은 동화처럼 환상적인 분위기에 닫힌 마음을 누그러뜨리게[appease] 될까요?

Warm Up! 오늘 배울 표현

오늘 등장하는 표현들입니다. 어떤 표현이 들어가야 할지 생각해 보세요.

* I'm not going to let the poor child ________. 우리 불쌍한 소녀가 배고프게 할 수는 없어.
* We must ________ her ________ welcome here. 그녀가 여기서 환대받고 있다는 마음을 갖게 해야 해.
* Well, ________. 아, 조용히 해.
* If the master ________ about this, ________!
  만약에 주인님이 이 사실을 알게 되면 우리는 끝장이야.
* But ________ dinner ________ a little music? 하지만 약간의 음악도 없이 저녁 식사가 무슨 맛이 있겠어?

바로 이 장면!

오디오 파일을 듣고 3번 따라 말해보세요. 15-1.mp3

COGSWORTH 콕스워스
Remember what the master said?
주인님이 뭐라고 했는지 기억해?

MRS. POTTS 포트 부인
Oh, pish tosh. I'm not going to let the poor child **go hungry**. [1]
오, 쓸데없는 소리. 우리 불쌍한 소녀가 배고프게 할 수는 없어.

COGSWORTH 콕스워스
Oh, all right. Glass of water, crust of bread, and then—
오, 알았어. 물 한잔, 빵 껍데기, 그리고…

LUMIERE 뤼미에르
Cogsworth, I am surprised at you. She's not our prisoner. She's our guest. We must **make** her **feel** welcome here. [2] Right this way, mademoiselle.
콕스워스, 너에게 놀랐는걸. 그녀는 우리의 포로가 아니야. 우리의 손님이라고. 그녀가 여기서 환대받고 있다는 마음을 갖게 해야 해. 이쪽으로, 아가씨.

COGSWORTH 콕스워스
Well, **keep it down.** [3] If the master **finds out** about this, **it will be our necks**! [4]
아, 조용히 해. 만약에 주인님이 이 사실을 알게 되면, 우리는 끝장이야!

LUMIERE 뤼미에르
Of course, of course. But **what is** dinner **without** a little music? [5]
물론, 물론이지. 하지만 약간의 음악도 없이 저녁 식사가 무슨 맛이 있겠어?

장면 파헤치기

구문 설명과 예문으로 이 장면의 핵심 표현을 완벽히 이해하세요.

❶ I'm not going to let the poor child **go hungry.** 우리 불쌍한 소녀가 배고프게 할 수는 없어.

〈go + (상태를 나타내는) 형용사〉를 쓰면 '~하게 되다/~의 상태가 되다'라는 의미가 되는데, 전보다 못한 상황으로 변할 때 많이 쓰여요. 예를 들어, go crazy/mad/nuts는 '미치다/미쳐가다', go bad는 '(음식이) 상하다/썩다', go broke '파산상태/빈털터리가 되다' 이럴 때 쓰이지요.

* A lot of children **go hungry** every day. 매일 많은 아이가 굶고 있다.
* Somebody stop him! He's **going crazy.** 누가 저 사람 좀 말려줘요. 그가 미쳐가고 있어요.

❷ We must **make her feel** welcome here. 그녀가 여기서 환대받고 있다는 마음을 갖게 해야 해.

〈make someone feel + 형용사〉는 '~가 ~한 기분/느낌이 들게 하다'라는 의미로 쓰는 표현이에요. 위의 문장에서처럼 누군가를 환영/환대받는 기분이 들게 해주거나 기분이 좋게 또는 나쁘게 한다는 의미로 주로 쓰이지요.

★ 영화 속 패턴 익히기

❸ Well, **keep it down.** 아, 조용히 해.

너무 시끄러워서 화를 내는 경우가 아니라면 웬만하면 Be quiet! 보다는 Keep it down!을 써 주시고 기왕이면 더 상냥하게 Would you keep it down a little, please? 이렇게 표현해 봅시다.

* I'm trying to concentrate here. Please, **keep it down** a little! 집중해야 하거든요. 조금만 음성을 낮춰 주세요!
* **Keep it down**, you'll wake my daughter. 조금만 조용히 해 주세요, 우리 딸이 깰 것 같거든요.

❹ If the master **finds out** about this, **it will be our necks!** 만약에 주인님이 이 사실을 알게 되면, 우리는 끝장이야!

find out (about something)은 '(~에 대해 ~을 알게 되다/알아내다'라는 의미인데, find out을 기억하세요. 문장 뒷부분의 It will be our necks '우리의 목들이 될 것이야'를 의역하면, '우린 죽을 거야/끝장이야' 이런 뜻이 되겠죠. 이 부분은 자주 쓰는 표현은 아니고 이 장면의 특정 문맥상 이렇게 표현한 것이랍니다.

* How did you **find out** about his secret? 그의 비밀에 대해 어떻게 알게 된 거니?
* I **found out** that Jason took my money. 제이슨이 내 돈을 가져간 걸 알게 되었어.

❺ But **what is** dinner **without** a little music? 하지만 약간의 음악도 없이 저녁 식사가 무슨 맛이 있겠어?

what is something without ~?은 '~이 없으면 무슨 재미야/맛이야?'라는 의미예요. 무엇을 하는데 있어서 꼭 같이 있어야만 할 것에 대해서 강조하며 쓰는 표현이지요.

★ 영화 속 패턴 익히기

영화 속 패턴 익히기

오늘 배운 장면에서 뽑은 핵심 패턴으로 다양한 표현을 만들어 보세요.

15-2.mp3

We must make someone feel + 형용사

(우린) ~가 ~한 기분을 느끼게 해줘야만 해.

Step 1 기본 패턴 연습하기

1 **We must make her feel** happy. 그녀가 행복하다고 느끼게 해줘야 해.

2 **We must make her feel** comfortable here. 그가 여기를 편안하게 느끼게 해줘야 해.

3 **We must make Bill feel** important. 빌이 자신이 중요한 사람이라고 느끼게 해줘야 해.

4 ______________________ loved. 그들이 사랑받고 있다고 느끼게 해줘야 해.

5 ______________________ better. 우린 네 기분이 더 좋아지도록 해야 해.

Step 2 패턴 응용하기 | make someone feel + 형용사

1 Putting a smile on your face will **make you feel** a lot better.
당신의 얼굴에 미소를 지으면 기분이 훨씬 더 좋아질 거예요.

2 Losing twice in a row doesn't **make me feel** confident. 두 번 연속으로 지는 것은 자신감을 잃게 만들어.

3 Listening to classical music **makes me feel** calm. 클래식 음악을 들으면 마음이 진정되는 기분이 들어.

4 Does it ______________________ any better? 이렇게 하니까 기분이 더 좋아지니?

5 Staying inside all day ______________________. 혼자 안에 온종일 있으면 기분이 더 나빠질 거야.

Step 3 실생활에 적용하기

A How's work?

B It's great. 회사 사람들이 항상 내가 중요한 사람이라고 느끼게 해줘.

A Sounds awesome. Hearing you say that makes me feel good.

A 직장은 어때?

B 아주 좋아. They always make me feel important.

A 정말 멋지다. 네 말 들으니 나도 덩달아 기분이 좋네.

정답 Step 1 4 We must make them feel 5 We must make you feel Step 2 4 make you feel 5 will make you feel worse

15-3.mp3

What is something without a little ~?

~에 있어서 (약간의) ~이 없으면 무슨 재미야?

Step 1 기본 패턴 연습하기

1 **What is life without a little** risk? 약간의 위험 요소가 없다면 인생이 무슨 재미겠니?

2 **What is sunshine without a little** rain? 약간의 비가 없으면 밝은 햇빛이 뭐가 특별하겠니?

3 **What is marriage without a little** mystery? 약간의 신비함이 없으면 결혼이 무슨 재미겠니?

4 ______________________ fun? 좀 재미도 있고 그래야지 그마저 없으면 일이 무슨 재미겠니?

5 ______________________ competition? 약간의 경쟁이 없으면 학교가 무슨 재미가 있겠어?

Step 2 패턴 응용하기 | What is something without ~?

1 **What is life without** a struggle? 고생 없이 인생이 무슨 맛이야?

2 **What is love without** trust? 신뢰가 없다면 그게 무슨 사랑이니?

3 **What is friendship without** honesty? 솔직함이 없으면 그게 무슨 우정이니?

4 ______________________ and what is party without a music?
파티가 없으면 인생이 무슨 재미며 음악이 없다면 파티가 무슨 재미겠니?

5 ______________________ a mustache? 콧수염 없는 남자가 무슨 남자야?

Step 3 실생활에 적용하기

A What is life without a little challenge?
B 엄청 지당한 말씀. 도전이 있어야 인생이 흥미롭지.
A I love challenge!

A 약간의 도전이 없다면 인생이 무슨 재미겠니?
B You are absolutely right. Challenge makes life interesting.
A 난 도전이 너무 좋아!

정답 Step 1 4 What is work without a little 5 What is school without a little Step 2 4 What is life without a party 5 What is a man without

확인학습

문제를 풀며 오늘 배운 표현을 완벽히 내 것으로 만드세요.

A | 영화 속 대화를 완성해 보세요.

COGSWORTH Remember ❶ __________________?
주인님이 뭐라고 했는지 기억해?

MRS. POTTS Oh, pish tosh. I'm not going to let the poor child ❷ __________________.
오, 쓸데없는 소리. 우리 불쌍한 소녀가 배고프게 할 수는 없어.

COGSWORTH Oh, all right. ❸ __________________, crust of bread, and then—
오, 알았어. 물 한잔, 빵 껍데기, 그리고…

LUMIERE Cogsworth, I am ❹ __________________ you. She's not our prisoner. She's our guest. We must ❺ __________________ welcome here. ❻ __________________, mademoiselle.
콕스워스, 너에게 놀랐는걸. 그녀는 우리의 포로가 아니야. 우리의 손님이라고. 그녀가 여기서 환대받고 있다는 마음을 갖게 해야 해. 이쪽으로, 아가씨.

COGSWORTH Well, ❼ __________________. If the master ❽ __________________ about this, ❾ __________________!
아, 조용히 해. 만약에 주인님이 이 사실을 알게 되면, 우리는 끝장이야!

LUMIERE Of course, of course. But ❿ __________________ a little music?
물론, 물론이지. 하지만 약간의 음악도 없이 저녁 식사가 무슨 맛이 있겠어?

B | 다음 빈칸을 채워 문장을 완성해 보세요.

1 그가 여기를 편안하게 느끼게 해줘야 해.
__________________ comfortable here.

2 클래식 음악을 들으면 마음이 진정되는 기분이 들어.
Listening to classical music __________________.

3 약간의 위험 요소가 없다면 인생이 무슨 재미겠니?
__________________ risk?

4 좀 재미도 있고 그래야지 그마저 없으면 일이 무슨 재미겠니?
__________________ fun?

5 고생 없이 인생이 무슨 맛이야?
__________________ a struggle?

정답 A

❶ what the master said
❷ go hungry
❸ Glass of water
❹ surprised at
❺ make her feel
❻ Right this way
❼ keep it down
❽ finds out
❾ it will be our necks
❿ what is dinner without

정답 B

1 We must make him feel
2 makes me feel calm
3 What is life without a little
4 What is work without a little
5 What is life without

Day 16

Good Old Days

즐거웠던 옛 시절

마법에 걸려 물건[object]으로 변해버린 성의 식구들이 신세 한탄을 하네요. 우리에게도 '행복했던 시절'이 있었다고 말이에요. 지금은 촛대[candlelight]인 뤼미에르, 괘종시계[pendulum clock]가 된 콕스워스, 찻주전자[teapot]가 된 포트 부인 모두 한때는 행복한 삶을 사는 사람들이었겠죠. 그들이 원하는 건 다시 사람으로 돌아가는 것인데, 그렇게 되기 위해서는 야수의 마법이 풀려야만 합니다. 그러기 위해선 야수와 벨이 서로 사랑에 빠져야만 하죠.

Warm Up! 오늘 배울 표현

오늘 등장하는 표현들입니다. 어떤 표현이 들어가야 할지 생각해 보세요.

* Life is so ______ . 인생은 너무 무기력하죠.
* He's ______ a soul to wait upon. 뭔가 기다릴 수 있는 게 없다면 그는 완전하지 않아요.
* ______ ! 저리 가!
* Ah, those ______ when we were useful. 아, 우리가 유용했던 옛 시절들.
* You walked in, and ______ ! 당신이 걸어 들어 왔죠. 오 이런!

바로 이 장면!

오디오 파일을 듣고 3번 따라 말해보세요.

16-1.mp3

LUMIERE
뤼미에르

Life is so **unnerving**,
For a servant who's not serving! ①
He's **not whole without** a soul to wait upon. ②

인생은 너무 무기력하죠,
시중들 수 없는 하인에게는!
뭔가 기다릴 수 있는 게 없다면 그는 완전하지 않아요.

COGSWORTH
콕스워스

Get off! ③

저리 가!

LUMIERE
뤼미에르

Ah, those **good old days** when we were useful. ④
Suddenly, those good old days are gone.

아, 우리가 유용했던 옛 시절들.
갑자기, 그 좋은 시절들이 사라져 버렸죠.

LUMIERE
뤼미에르

Ten years we've been rusting.
Needing so much more than dusting.
Needing exercise, a chance to use our skills!

지난 10년간 우리는 녹만 슬었죠.
먼지 터는 거보다 더 필요한 일이 있는데.
연습이 필요하죠, 우리의 기술을 사용할 기회!

LUMIERE
뤼미에르

Most days just lay around the castle,
Flabby fat and lazy.
You walked in, and **oops-a-daisy**! ⑤

대부분 우리는 성에 처박혀 있으면서,
기력 없이 살찌고 게을러졌죠.
당신이 걸어 들어 왔죠, 오 이런!

장면 파헤치기

구문 설명과 예문으로 이 장면의 핵심 표현을 완벽히 이해하세요.

❶ Life is so unnerving. 인생은 너무 무기력하죠.

이 장면에서는 unnerving을 문맥상 '무기력하다'고 해석했는데 실제로 unnerving의 의미는 무엇인가 너무 끔찍하고 무서워서 걱정되고 불안함을 느낀다는 뜻이에요.

* The way he was watching us was **unnerving**. 그가 우릴 쳐다보는 눈빛은 정말 소름 끼쳤어.
* It's very **unnerving** to think that this can happen again.
  이런 일이 또다시 일어날 수도 있다는 사실이 우리를 정말 불안하게 만든다.

❷ He's not whole without a soul to wait upon. 뭔가 기다릴 수 있는 게 없다면 그는 완전하지 않아요.

〈be동사 + not whole without ~〉은 사랑하는 사람에게 고백할 때 쓸 수 있는 표현인데 '~가 없으면 완전하지 않아'라는 의미랍니다. 예를 들어, I'm not whole without you.라고 하면 '난 네가 없으면 완전하지 않아'라는 뜻이죠.

★ 영화 속 패턴 익히기

❸ Get off! 저리 가!

get off는 '떠나다, 출발하다' 혹은 '퇴근하다'라는 의미인데, 이 장면에서는 '내 몸에서 손을 떼'라는 뜻으로 쓰였어요. '내 몸에서 손을 떼'라고 할 때는 Get your hands off (of) me! 혹은 Get off (of) me! 라고 하는데 줄여서 그냥 Get off!라고 쓸 수 있습니다.

* **Get off**, you are hurting me! 그 손 저리 못 치워, 아프단 말이야!
* **Get off** or I'm going to scream! 저리 가 안 그러면 소리 지를 거야!

❹ Ah, those good old days when we were useful. 아, 우리가 유용했던 옛 시절들.

예전에 좋았던 시절들을 회상하고 그리워할 때 흔히 쓰는 표현이 바로 good old days랍니다. 비슷하게 glory days라고도 하는데, 이 경우엔 특히 인기가 있었거나 잘 나갔던 시절을 회상하면서 쓰는 표현이에요.

★ 영화 속 패턴 익히기

❺ You walked in, and oops-a-daisy! 당신이 걸어 들어 왔죠, 오 이런!

어린아이가 넘어졌을 때 어른이 일으켜 주면서 '영차' '으샤'라는 식으로 하는 말이에요. 또는 어린아이를 위로 들어 올리며 하는 말이기도 하고요. 이 장면에서는 뤼미에르가 푸딩에 박혀있는 콕스워스를 꺼내주며 외치는 소리랍니다.

* I'm going to help you up. Hold my hands. **Oops-a-daisy**! 일으켜 줄게. 손잡아라. 으랏차!
* **Oops-a-daisy**! That a boy! 영차! (남자아이에게) 잘했어!

영화 속 패턴 익히기

오늘 배운 장면에서 뽑은 핵심 패턴으로 다양한 표현을 만들어 보세요.

16-2.mp3

주어 + be동사 + not whole without ~
~가 없다면 ~는 완전하지 않아요.

Step 1 기본 패턴 연습하기

1 I'm **not whole without** you. 난 당신 없이는 완전하지 않아요.

2 He feels like he's **not whole without** his piano. 그는 피아노가 없이는 스스로 완전하지 않다고 느낀다.

3 We are **not whole without** our kids. 우린 우리의 아이들이 없이는 완전하지 않아요.

4 She thinks that ______________________ her Prada bag.
그녀는 자기 프라다 가방이 없으면 자신이 완전하지 않다고 생각해.

5 ______________________ my beloved dogs. 나의 사랑하는 강아지들이 없다면 난 완전하지 않아.

Step 2 패턴 응용하기 | 주어 + be동사 + nothing without ~

1 I'm **nothing without** your love. 난 사랑이 없으면 아무것도 아냐.

2 He's **nothing without** his suit. 그는 자기 양복을 입지 않으면 정말 별 볼일 없어.

3 Guys feel like they're **nothing without** money and power.
남자들은 돈과 권력이 없으면 자신이 아무것도 아닌 것 같다고 느끼지.

4 Angela feels like ______________________ her work.
안젤라는 일이 없으면 자신이 아무것도 아니라고 느껴요.

5 ______________________ faith. 믿음 없이는 당신은 아무것도 아니에요.

Step 3 실생활에 적용하기

A What do you think is the most important thing in your life?
B 난 돈 없이는 아무것도 아닌 것 같아.
A That sounds awful.

A 넌 네 인생에서 가장 중요한 것이 무엇인 것 같니?
B I think I'm nothing without money.
A 정말 안타깝구나.

정답 Step 1 4 she's not whole without 5 I'm not whole without Step 2 4 she's nothing without 5 You're nothing without

16-3.mp3

good old days
좋았던 옛 시절

Step 1 기본 패턴 연습하기

1 I miss those **good old days.** 좋았던 그 옛 시절들이 그리워.

2 I think of my **good old days** when I'm stressed out. 난 스트레스를 받으면 좋았던 옛 시절을 생각해.

3 **The good old days** are gone. 좋았던 시절은 다 갔다.

4 They want to turn back time to the ________________.
그들은 좋았던 옛 시절로 돌아가고 싶어 해.

5 Tom reminds her of her ________________. 톰을 보면 그녀는 옛날 좋았던 시절이 생각난다.

Step 2 패턴 응용하기 | glory days

1 I wish I could go back to my **glory days.** 옛날 잘 나갔던 시절로 돌아갈 수 있다면 얼마나 좋을까.

2 He is stuck in his **glory days.** 그는 예전에 잘 나갔던 시절에 대한 생각에 갇혀 있어.

3 She met me in my **glory days.** 그녀는 내가 잘 나갔던 시절에 나를 만났지.

4 ________________ in high school. 내가 제일 좋았던 시절은 고등학교 때야.

5 Everyone has ________________ to reminisce upon.
사람들은 모두 추억에 잠겨 그리워할 만한 잘나가던 시절이 있다.

Step 3 실생활에 적용하기

A I used to be so popular back in college.
B 잘 나갔던 시절에 대한 추억은 잊는 게 어때?
A No, I don't want to. You are just jealous because you weren't so popular in college.

A 나 대학 다닐 때 진짜 인기 많았어.
B Why don't you get over your glory days?
A 아니, 싫어. 네가 대학 때 인기가 없었다고 질투하는구나.

정답 Step 1 4 good old days 5 good old days Step 2 4 My glory days were 5 their own glory days

확인학습

문제를 풀며 오늘 배운 표현을 완벽히 내 것으로 만드세요.

A | 영화 속 대화를 완성해 보세요.

LUMIERE Life is so ❶ ______________,
For a servant who's not serving!
He's ❷ ______________ a soul to wait upon.
인생은 너무 무기력하죠,
시중들 수 없는 하인에게는!
뭔가 기다릴 수 있는 게 없다면 그는 완전하지 않아요.

COGSWORTH ❸ ______________! 저리 가!

LUMIERE Ah, those ❹ ______________ when we were useful
Suddenly, those good ❺ ______________.
아, 우리가 유용했던 옛 시절들.
갑자기, 그 좋은 시절들이 사라져 버렸죠.

LUMIERE Ten years we've been rusting.
Needing so ❻ ______________ dusting.
Needing exercise, ❼ ______________ our skills!
지난 10년간 우리는 녹만 슬었죠.
먼지 터는 거보다 더 필요한 일이 있는데.
연습이 필요하죠, 우리의 기술을 사용할 기회!

LUMIERE Most days just ❽ ______________ the castle,
Flabby fat and lazy.
You ❾ ______________ in, and ❿ ______________!
대부분 우리는 성에 처박혀 있으면서,
기력 없이 살찌고 게을러졌죠.
당신이 걸어 들어 왔죠, 오 이런!

B | 다음 빈칸을 채워 문장을 완성해 보세요.

1 난 당신 없이는 완전하지 않아요.
I'm ______________ you.

2 남자들은 돈과 권력이 없으면 자신이 아무것도 아닌 것 같다고 느끼지.
Guys feel like they're ______________ money and power.

3 좋았던 그 옛 시절들이 그리워.
I miss those ______________.

4 옛날 잘 나갔던 시절로 돌아갈 수 있다면 얼마나 좋을까.
I wish I could go back to ______________.

5 내가 제일 좋았던 시절은 고등학교 때야.
______________ in high school.

정답 A

❶ unnerving
❷ not whole without
❸ Get off
❹ good old days
❺ old days are gone
❻ much more than
❼ a chance to use
❽ lay around
❾ walked
❿ oops-a-daisy

정답 B

1 not whole without
2 nothing without
3 good old days
4 my glory days
5 My glory days were

Day 17

The Tour of the Enchanted Castle

마법의 성 구경

벨이 마법의 성의 식구들과 점점 친해지고[get closer] 있습니다. 그들의 멋진 노래와 춤을 보며 더없이 즐거워하죠. 눈치 빠른[quick-witted] 벨은 이 성이 마법에 걸렸다는 걸 알게 됩니다. 호기심으로 가득한 벨은 하인들에게 성에 있는 방들을 구경하고[tour] 싶다고 합니다. 뤼미에르가 기꺼이 구경을 시켜주겠다고 하자 벨은 너무 좋아서 환호성을[cheer] 지르죠. 이러다가 성의 주인인 야수에게 혼나는 건 아닐까요?

Warm Up! 오늘 배울 표현

오늘 등장하는 표현들입니다. 어떤 표현이 들어가야 할지 생각해 보세요.

* Oh, my goodness, will you ________? 맙소사, 시간을 보시겠어요?
* Now, ________, off to bed! 취침 시간이에요, 취침!
* Oh, ________ go to bed now. 오, 절대 지금 자러 갈 수는 없어요.
* ________ the castle being enchanted? 성이 마법에 걸렸다고 누가 그런 소릴 해요?
* I, um, ________. 제가, 어, 스스로 알아차린 거예요.

바로 이 장면!

오디오 파일을 듣고 3번 따라 말해보세요. 17-1.mp3

BELLE 벨

Bravo! That was wonderful!
브라보! 정말 멋졌어요!

COGSWORTH 콕스워스

Thank you, thank you, mademoiselle. Yes, good show, wasn't it, everyone? Oh, my goodness, will you **look at the time**? ① Now, **it's off to bed**, off to bed! ②
감사합니다. 감사합니다, 아가씨. 네, 멋진 쇼였어요, 그렇죠 모두들? 맙소사, 시간을 보시겠어요? 이제, 취침 시간이에요, 취침!

BELLE 벨

Oh, **I couldn't possibly** go to bed now. ③ It's my first time in an enchanted castle.
오, 절대 지금 자러 갈 수는 없어요. 마법에 걸린 성은 처음이에요.

COGSWORTH 콕스워스

Enchanted? **Who said anything about** the castle being enchanted? ④
마법에 걸렸다고? 성이 마법에 걸렸다고 누가 그런 소릴 해요?

COGSWORTH 콕스워스

It was you, wasn't it?
너였지, 맞지?

BELLE 벨

I, um, **figured it out for myself**. ⑤
제가, 어, 스스로 알아차린 거예요.

BELLE 벨

I'd like to look around, if that's all right.
성안을 돌아보고 싶어요, 그래도 괜찮다면요.

LUMIERE 뤼미에르

Oh! Would you like a tour?
오! 구경시켜 드릴까요?

장면 파헤치기

구문 설명과 예문으로 이 장면의 핵심 표현을 완벽히 이해하세요.

❶ Oh, my goodness, will you **look at the time?** 맙소사, 시간을 보시겠어요?

time을 the나 a와 같이 관사 없이 그냥 쓰면 '시간'이라는 뜻이지만, 때때로 the를 붙여서 the time이라고 하면 '시계' 혹은 '현재 시각'이라는 의미가 됩니다. 여기에서는 look at the time을 '시간을 봐요'라고 해석했는데, 구체적으로 말하면 '지금이 몇 시인지 시계를 봐요'라는 의미예요.

* Do you have **the time?** 지금 몇 시인지 아세요? / 시계 있으세요?
* She doesn't know how to tell **the time** yet. 그녀는 아직 시계 보는 법을 몰라요.

❷ Now, it's off to bed, off to bed! 취침 시간이에요, 취침!

off to bed는 어린아이에게 '이제 잠잘 시간이야'라고 말할 때 쓰는 표현이에요. Off to bed with you! 라고 표현하기도 하고요. 앞에 it's를 붙이기도 하고요. 같은 상황에서 It's time to go to bed. 이렇게 말하기도 해요.

* I'm afraid **it's off to bed.** 아쉽지만 이제 잘 시간이란다.
* Well, little lady. **It's off to bed with you.** 자, 우리 공주님, 이제 잘 시간이에요.

❹ Oh, I couldn't possibly go to bed now. 오, 절대 지금 자러 갈 수는 없어요.

〈I couldn't possibly + 동사〉는 '~을 할 수 없다'는 표현을 강조한 것이에요. 다시 말하면, '도저히 ~은 못 하겠다/할 수 없다'라는 의미지요.

★ 영화 속 패턴 익히기

❺ Who said anything about the castle being enchanted? 성이 마법에 걸렸다고 누가 그런 소릴 해요?

〈Who said anything about ~〉은 난 그런 말 한 적 없는데 그게 무슨 소리냐고 상대방에게 되묻거나 발뺌할 때 쓰는 표현이에요. '도대체 누가 그런 소릴 하느냐?' '난 그런 말 한 적 없는데 무슨 소리야?' 정도로 해석하면 되겠어요.

★ 영화 속 패턴 익히기

❺ I, um, figured it out for myself. 제가, 어, 스스로 알아차린 거예요.

figure out은 '(생각한 끝에) ~을 이해하다/알아내다'라는 의미의 숙어예요. for oneself는 '자기 스스로'라는 의미이고요. 그 둘을 붙이면 '스스로 알아내다/이해하다'라는 뜻이 되지요.

* Did you **figure it out yourself?** 그걸 너 스스로 알아낸 거니?
* It was too difficult to **figure out for myself.** 나 스스로 이해하기엔 너무 어려웠어요.

영화 속 패턴 익히기

오늘 배운 장면에서 뽑은 핵심 패턴으로 다양한 표현을 만들어 보세요.

17-2.mp3

I couldn't possibly + 동사

〈강조형〉 (도저히) ~을/은 할 수 없다.

Step 1 기본 패턴 연습하기

1 **I couldn't possibly** let you do that. 난 도저히 너에게 그 일을 하게 할 수는 없어.

2 **I couldn't possibly** eat another bite. 도저히 한입 더는 못 먹겠어.

3 **I couldn't possibly** hurt her more than I already did.
이미 그녀를 너무 아프게 했는데 도저히 더는 그녀를 아프게 할 수 없어.

4 ________________ hate you. 너를 도저히 미워할 수가 없어.

5 ________________ any more proud of you. 네가 이 이상 자랑스러울 수가 없구나.

Step 2 패턴 응용하기 | 주어 + couldn't possibly + 동사

1 She **couldn't possibly** love me more. 그녀가 나를 이 이상 더 사랑할 수는 없어요.

2 Sandy **couldn't possibly** leave him here by himself. 샌디는 도저히 그를 여기에 혼자 둘 수 없었어.

3 I **couldn't possibly** say that to his face. 그의 얼굴에다 대고 그 말은 도저히 못 하겠어.

4 ________________ ask for more. (이미 너무 잘해주셔서) 이 이상 더 바랄 수는 없어요.

5 ________________________ more alike. (그들은 정말 많이 닮아서) 이 이상 더 닮을 수가 없다.

Step 3 실생활에 적용하기

A How was your stay with us?
B 더 바랄 나위가 없네요.
A Thank you for the compliment. We always try to provide the best service possible.

A (우리 호텔에) 머무시는 동안 어떠셨나요?
B We couldn't possibly ask for more.
A 좋게 말씀해 주셔서 감사합니다. 우린 항상 최고의 서비스를 위해 힘쓰고 있지요.

정답 Step 1 4 I couldn't possibly 5 I couldn't possibly be Step 2 4 We couldn't possibly 5 They couldn't possibly be

17-3.mp3

Who said anything about ~? 도대체 누가 그런 소릴 해? / 그런 말 한 적 없는데

Step 1 기본 패턴 연습하기

1 **Who said anything about** love? 내가 언제 사랑이라고 했어?

2 **Who said anything about** you being rude? 무례하다는 말은 꺼낸 적 없는데요?

3 **Who said anything about** your looks? 당신 외모에 대한 말은 한 적 없는데요?

4 ______________________ the breakup? 누가 헤어진대? (내가 언제 헤어진다고 그랬어?)

5 ______________________ going home? 집에 가겠다는 얘긴 꺼낸 적도 없는데?

Step 2 패턴 응용하기 | Did I say anything about ~?

1 **Did I say anything about** leaving her? 내가 언제 그녀와 헤어지겠다고 그랬니?

2 **Did I say anything about** going out with Eric? 누가 에릭이랑 사귀겠데?

3 **Did I say anything about** quitting? 누가 그만두겠데? (난 그런 얘기 안 했어.)

4 ______________________ wanting to stay? 아니 내가 언제 더 있기 싫다고 그랬어요?

5 ______________________ paying? 아니 누가 돈 안 낸다고 했어요?

Step 3 실생활에 적용하기

A Do you really want to go on a date with him?	A 너 정말 그와 데이트하고 싶은 거야?
B 아니 누가 데이트한다고 했니?	B Who said anything about going on a date?
A I'm sorry. I thought that's what was happening.	A 미안해. 난 그런 것인 줄 알았어.

정답 Step 1 4 Who said anything about 5 Who said anything about Step 2 4 Did I say anything about not 5 Did I say anything about not

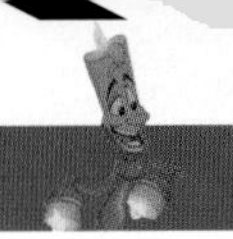

확인학습

문제를 풀며 오늘 배운 표현을 완벽히 내 것으로 만드세요.

A | 영화 속 대화를 완성해 보세요.

BELLE Bravo! That was ❶ __________!
브라보! 정말 멋졌어요!

COGSWORTH Thank you, thank you, mademoiselle. Yes, good show, wasn't it, everyone? Oh, my goodness, will you ❷ __________? Now, ❸ __________, off to bed! 감사합니다. 감사합니다. 아가씨. 네, 멋진 쇼였어요. 그렇죠 모두들? 맙소사. 시간을 보시겠어요? 이제, 취침 시간이에요. 취침!

BELLE Oh, I couldn't possibly go to bed now. ❹ __________ in an enchanted castle.
오, 절대 지금 자러 갈 수는 없어요. 마법에 걸린 성은 처음이에요.

COGSWORTH ❺ __________? Who said anything about the castle being enchanted?
마법에 걸렸다고? 성이 마법에 걸렸다고 누가 그런 소릴 해요?

COGSWORTH It was you, wasn't it?
너였지, 맞지?

BELLE I, um, ❻ __________ for myself.
제가, 어, 스스로 알아차린 거예요.

BELLE I'd like ❼ __________, if that's all right.
성안을 돌아보고 싶어요. 그래도 괜찮다면요.

LUMIERE Oh! Would you like a tour?
오! 구경시켜 드릴까요?

B | 다음 빈칸을 채워 문장을 완성해 보세요.

1 도저히 한입 더는 못 먹겠어.
__________ eat another bite.

2 이미 그녀를 너무 아프게 했는데 도저히 더는 그녀를 아프게 할 수 없어.
__________ hurt her more than I already did.

3 (이미 너무 잘해주셔서) 이 이상 더 바랄 수는 없어요.
__________ ask for more.

4 내가 언제 사랑이라고 했어?
__________ love?

5 아니 누가 돈 안 낸다고 했어요?
__________ paying?

정답 A

❶ wonderful
❷ look at the time
❸ it's off to bed
❹ It's my first time
❺ Enchanted
❻ figured it out
❼ to look around

정답 B

1 I couldn't possibly
2 I couldn't possibly
3 We couldn't possibly
4 Who said anything about
5 Did I say anything about not

Day 18

Curious Belle

호기심 많은 벨

벨은 야수가 절대[absolute] 들어가지 말라고 경고한 서관[the West Wing]이 궁금해집니다. 콕스워스에게 물어봐도 재미없고 따분한 곳이라며 티 나게 말을 돌립니다. 궁금한 걸 참지 못하는 벨은 결국 서관으로 들어가고야 맙니다. 야수가 이 사실을 알면 하인들까지 난처한 상황이[a difficult situation] 될 텐데 걱정이네요. 벨이 서관에 들어간 사실을 야수에게 들키는 건 아닐까요?

Warm Up! 오늘 배울 표현

오늘 등장하는 표현들입니다. 어떤 표현이 들어가야 할지 생각해 보세요.

* What's ______? 저 위에 뭐가 있는데요?
* ______ interest at all in the West Wing. 서관 쪽에는 흥미를 끌 만한 것이 절대로 전혀 없어요.
* ______! 잘하는군!
* ______ what he's hiding up there. 저 위에 야수가 도대체 뭘 숨겨 놓았는지 궁금하군요.
* ______ forbidden. 그렇다면 금지구역으로 만들지 않았을 텐데요.

바로 이 장면!

오디오 파일을 듣고 3번 따라 말해보세요. 18-1.mp3

BELLE 벨
What's **up there**? ❶
저 위에 뭐가 있는데요?

COGSWORTH 콕스워스
Where? Up there? Nothing. **Absolutely nothing of** interest at all in the West Wing. ❷ Dusty, dull, very boring.
어디? 저기 위에? 아무것도 없어요. 서관 쪽에는 흥미를 끌 만한 것이 절대로 전혀 없어요. 먼지투성이에, 재미없고, 아주 따분해요.

BELLE 벨
Oh, so that's the West Wing.
오, 그래서 저기가 서관이로군요.

LUMIERE 뤼미에르
Nice going! ❸
잘하는군!

BELLE 벨
I wonder what he's hiding up there. ❹
저 위에 야수가 도대체 뭘 숨겨 놓았는지 궁금하군요.

LUMIERE 뤼미에르
Hiding? The master is hiding nothing!
숨겨놔요? 주인님은 아무것도 숨기지 않았어요!

BELLE 벨
Then it wouldn't be forbidden. ❺
그렇다면 금지 구역으로 만들지 않았을 텐데요.

COGSWORTH 콕스워스
Perhaps mademoiselle would like to see something else. We have exquisite tapestries dating all the way back to...
아마도 아가씨는 다른 것을 보면 더 좋아하실 거예요. 아주 역사가 깊은 정교하고 아름다운 태피스트리들이 있는…

BELLE 벨
Maybe later.
그건 봐서 나중에 보죠.

LUMIERE 뤼미에르
The gardens, or the library perhaps?
정원들, 아니면 혹시 도서관은 어떨까요?

BELLE 벨
You have a library?
도서관이 있어요?

장면 파헤치기

구문 설명과 예문으로 이 장면의 핵심 표현을 완벽히 이해하세요.

❶ What's up there? 저 위에 뭐가 있는데요?

'저기, 거기'를 there이라고 하는데 그 앞에 방향을 제시하는 전치사를 넣으면 up there (저 위에), down there (저 밑에) 이런 식으로 표현할 수 있답니다. 몇 개 더 보자면, out there (저 밖에), in there (저 밖에) 이렇게 되는 거죠.

* Who is that man **out there?** 저 밖에 저 남자 누구야?
* What is Fiona doing **down there?** 피오나는 저 밑에서 뭐 하는 거니?

❷ Absolutely nothing of interest at all in the West Wing. 서관 쪽에는 흥미를 끌 만한 것이 절대로 전혀 없어요.

absolutely는 '틀림없이, 절대로'라는 의미로 사실임을 강조할 때 쓰는 부사이고, nothing of는 '전혀 ~이 아니다'. 그리고 at all 역시 부정문에서 '전혀'라는 의미로 쓰이죠. 이 문장에서는 서관에 아무것도 없다는 것을 최대한 강조하기 위해서 이 모든 표현을 한꺼번에 썼네요.

* There's **absolutely nothing of** value in there. 그 안에는 가치 있을 만한 것이 전혀 하나도 없어.
* We have **absolutely nothing of** interest for you here. 우리에겐 네가 관심 가질만한 것이 전혀 아무것도 없구나.

❸ Nice going! 잘하는군!

이 표현은 상대방이 정말로 무엇인가를 잘했을 때도 이 표현을 쓸 수 있지만, 어떤 일을 망쳤거나 잘못했을 경우에도 반어적으로 쓰기도 한답니다.

* Hey, **nice going!** You've made some progress. 잘했어! 많이 발전했구나!
* You messed it up. **Nice going!** 네가 다 망쳐놨네. 참 잘했다 잘했어!

❹ I wonder what he's hiding up there. 저 위에 야수가 도대체 뭘 숨겨 놓았는지 궁금하군요.

I wonder~을 직역하면 '난 궁금하다'라는 의미이지만, '~일까/~할까'라고 해석되는 경우가 많아요. 진행형으로 I was wondering도 자주 쓰이는데, I was wondering if~는 '혹시~'라고 정중하게 질문을 할 때 쓰는 패턴이에요.

★ 영화 속 패턴 익히기

❺ Then it wouldn't be forbidden. 그렇다면 금지 구역으로 만들지 않았을 텐데요.

상대방이 한 얘기에 대해서 만약 그렇게 했다면 이런 결과가 아닐 텐데 라고 하며 반박할 때 쓰는 패턴이에요. Then it wouldn't be ~ 패턴을 이용해서 '만약 그런 것이라면/그렇다면 ~한 상태/상황이 아닐 텐데'라는 문장을 같이 만들어 보아요.

★ 영화 속 패턴 익히기

영화 속 패턴 익히기

오늘 배운 장면에서 뽑은 핵심 패턴으로 다양한 표현을 만들어 보세요.

18-2.mp3

I wonder what + 주어 + 동사

~인지 궁금하군요 / ~일까? / ~할까?

Step 1 기본 패턴 연습하기

1 **I wonder what** she looks like. 그녀는 어떻게 생겼을까?

2 **I wonder what** he would say when he sees me here. 그가 나를 여기서 보면 과연 뭐라고 할까?

3 **I wonder what** he's listening to. 그가 듣는 음악은 무엇일까?

4 ______________ Michelle is doing tonight. 오늘 밤에 미셸은 무얼 하려나?

5 ______________ feels like to be a star. 스타가 되면 기분이 어떨까?

Step 2 패턴 응용하기 | I was wondering if + 주어 + 동사

1 **I was wondering if** you could help me out. 혹시 도와주실 수 있을까 해서요.

2 **I was wondering if** you have received my email. 혹시 제 이메일 받으셨나 해서요.

3 **I was wondering if** she would be home tonight. 혹시 그녀가 오늘 밤에 집에 있을까 해서요.

4 ______________ ask you a favor. 혹시 부탁 하나 드려도 될까 해서요.

5 ______________ knew where to buy the tickets.
혹시 티켓 사려면 어디로 가야 하는지 아시나요?

Step 3 실생활에 적용하기

A 수잔은 지금 무슨 생각을 하고 있을까?

B She's probably thinking of you just like you are thinking of her.

A 그럴 것 같니? 그러면 그녀에게 전화해서 물어봐야겠다.

A I wonder what Susan's thinking of right now.

B 아마 네 생각하고 있을걸. 네가 그녀를 생각하고 있는 것처럼.

A You think? Maybe I should call and ask her.

정답 Step 1 4 I wonder what 5 I wonder what it Step 2 4 I was wondering if I could 5 I was wondering if you

🎧 18-3.mp3

Then it wouldn't be ~ (만약 그렇다면) ~한 상황이/~가 아닐 거야

Step 1 기본 패턴 연습하기

1 If it didn't hurt, **then it wouldn't be** love. 네 마음이 아프지 않았다면, 그건 사랑이 아닐 거야.

2 If he didn't say anything, **then it wouldn't be** important.
그가 아무 말도 하지 않았다면, 그럼 중요한 게 아닐 거야.

3 If I told you, **then it wouldn't be** a surprise. 내가 너에게 말을 해줬다면, 그럼 놀라게 하는 게 아니지.

4 If it was not specifically mentioned, ______________________.
구체적으로 명시되지 않았다면, 꼭 필요한 건 아닐 거야.

5 If Chris was able to do it, ______________________. 크리스가 할 수 있었다면, 어려운 건 아닐 거야.

Step 2 패턴 응용하기 | Then I wouldn't be ~

1 If he was here, **then I wouldn't be** here. 그가 여기에 있었다면, 난 여기 있지 않았을 거야.

2 If I had gotten an A, **then I wouldn't be** worried. 내가 A 학점을 받았다면, 걱정하지 않았을 거야.

3 If I was sleeping, **then I wouldn't be** answering the phone.
내가 자고 있었다면, 전화를 받지 못했겠지.

4 If you ever cheated on me, ______________________ to you right now.
만약 네가 한 번이라도 바람을 피웠다면, 내가 지금 너랑 대화를 나누고 있지 않겠지.

5 If I had dinner, ______________________. 내가 저녁을 먹었다면, 배가 안 고프겠지.

Step 3 실생활에 적용하기

A Why is it so difficult to find the right guy for me?

B 사랑이 찾기 쉬운 거였다면, 그건 진정한 사랑이 아니겠지.

A Wow, that sounds very romantic.

A 내 짝을 찾기가 도대체 왜 이렇게 어려운 거지?

B If love was easy to find, then it wouldn't be true.

A 우와, 정말 로맨틱한 말이야.

정답 Step 1 4 then it wouldn't be necessary 5 then it wouldn't be difficult Step 2 4 then I wouldn't be talking 5 then I wouldn't be hungry

확인학습 문제를 풀며 오늘 배운 표현을 완벽히 내 것으로 만드세요.

A | 영화 속 대화를 완성해 보세요.

BELLE What's ❶ ____________? 저 위에 뭐가 있는데요?

COGSWORTH Where? Up there? Nothing. ❷ ____________ nothing of interest ❸ ____________ in the West Wing. Dusty, dull, very boring. 어디? 저기 위에? 아무것도 없어요. 서관 쪽에는 흥미를 끌 만한 것이 절대로 전혀 없어요. 먼지투성이에, 재미없고, 아주 따분해요.

BELLE Oh, so that's the West Wing. 오, 그래서 저기가 서관이로군요.

LUMIERE ❹ ____________! 잘하는군!

BELLE ❺ ____________ what he's hiding up there. 저 위에 야수가 도대체 뭘 숨겨 놓았는지 궁금하군요.

LUMIERE Hiding? The master is ❻ ____________! 숨겨놔요? 주인님은 아무것도 숨기지 않았어요!

BELLE ❼ ____________ forbidden. 그렇다면 금지구역으로 만들지 않았을 텐데요.

COGSWORTH Perhaps mademoiselle would like to see something else. We have exquisite tapestries dating all the way back to... 아마도 아가씨는 다른 것을 보면 더 좋아하실 거예요. 아주 역사가 깊은 정교하고 아름다운 태피스트리들이 있는…

BELLE ❽ ____________. 그건 봐서 나중에 보죠.

LUMIERE The gardens, or the library perhaps? 정원들, 아니면 혹시 도서관은 어떨까요?

BELLE You have a library? 도서관이 있어요?

B | 다음 빈칸을 채워 문장을 완성해 보세요.

1 그녀는 어떻게 생겼을까?
____________ looks like.

2 스타가 되면 기분이 어떨까?
____________ feels like to be a star.

3 혹시 부탁 하나 드려도 될까 해서요.
____________ ask you a favor.

4 네 마음이 아프지 않았다면 그건 사랑이 아닐 거야.
If it didn't hurt, ____________.

5 내가 저녁을 먹었다면 배가 안 고프겠지.
If I had dinner, ____________.

정답 A

❶ up there
❷ Absolutely
❸ at all
❹ Nice going
❺ I wonder
❻ hiding nothing
❼ Then it wouldn't be
❽ Maybe later

정답 B

1 I wonder what she
2 I wonder what it
3 I was wondering if I could
4 then it wouldn't be love
5 then I wouldn't be hungry

Day 19

The Fight Against the Wolves

늑대들과의 난투

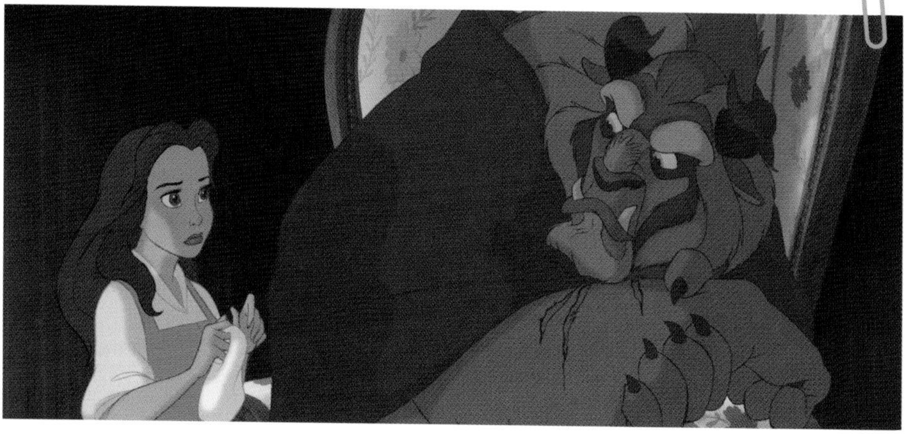

서관에 들어온 벨이 야수의 비밀스러운secretive 물건들을 보다가 야수에게 발각되고 마네요. 야수는 자신의 경고를 무시한 벨에게 무섭게 고함을 치며 나가라고 합니다. 야수에게 겁을 먹고 실망한 벨은 필립을 타고 성에서 탈출합니다. 하지만 얼마 안 가 숲속에서 굶주린starved 늑대들을 만나죠. 늑대의 먹이prey가 될 상황에 처하게 된 벨. 그런데 바로 이때, 벨을 죽음의 위험으로부터 구해줄 히어로가 등장합니다. 바로, 야수죠! 늑대들을 상대로 난투를 벌인 야수는 어깨를 심하게 다치고 마네요.

Warm Up! 오늘 배울 표현

오늘 등장하는 표현들입니다. 어떤 표현이 들어가야 할지 생각해 보세요.

* That ______ ! 아파요!
* Well, ______ run away, this ______ happened!
  첫, 당신이 도망만 안 갔어도 이런 일은 없었잖소!
* Well, you ______ in the West Wing! 흠, 여하튼 당신은 서관에 가지 말았어야 했소!
* Well, you should learn to ______ ! 흠, 당신은 성질머리 좀 고쳐야 해요!
* Now, ______ . 자, 가만히 있으세요.

바로 이 장면!

오디오 파일을 듣고 3번 따라 말해보세요.

19-1.mp3

BEAST 야수

That **hurts**! ❶

아파요!

BELLE 벨

If you'd hold still, it wouldn't hurt as much.

가만히 있으면 그렇게까진 안 아플 거예요.

BEAST 야수

Well, **if you hadn't** run away, this **wouldn't have** happened! ❷

쳇, 당신이 도망만 안 갔어도 이런 일은 없었잖소!

BELLE 벨

Well, if you hadn't frightened me, I wouldn't have run away!

흥, 당신이 날 겁주지만 않았어도 내가 도망은 안 갔을 거라고요!

BEAST 야수

Well, you **shouldn't have been** in the West Wing! ❸

흠, 여하튼 당신은 서관에 가지 말았어야 했소!

BELLE 벨

Well, you should learn to **control your temper**! ❹

흠, 당신은 성질머리 좀 고쳐야 해요!

BELLE 벨

Now, **hold still**. ❺ This may sting a little.

자, 가만히 있으세요. 조금 쓰라릴 수도 있어요.

BELLE 벨

By the way, thank you, for saving my life.

그건 그렇고, 고마워요. 제 목숨을 구해주셔서.

BEAST 야수

You're welcome.

천만에요.

장면 파헤치기 구문 설명과 예문으로 이 장면의 핵심 표현을 완벽히 이해하세요.

❶ That hurts! 아파요!

육체(정신)적인 고통을 받거나 어떤 충격 때문에 아플 경우 동사 hurt를 써요. 문장으로 표현할 때는 That hurts. '아야! 그렇게 하니까 아프다'라고 하거나, 아픈 부위를 주어로 쓰기도 하고, 상대방에게 You are hurting me. '아야, 아파'라고 말할 수 있습니다.

* Stop it! You are **hurting** me. 그만해! 아프단 말이야!
* My back **hurts**. 허리가 아파.

❷ Well, if you hadn't run away, this wouldn't have happened!

첫, 당신이 도망만 안 갔어도 이런 일은 없었잖소!

〈If you hadn't + 과거분사, 주어 + wouldn't have + 과거분사〉 '네가 ~하지 않았다면 ~한 상황이/하게 되지 않았을 것이다'라는 if 조건절 패턴입니다. 이 부분은 패턴 문장 여러 개를 반복적으로 연습하면서 최대한 회화체로 접근하는 것이 좋아요.

★ 영화 속 패턴 익히기

❸ Well, you shouldn't have been in the West Wing! 흠, 여하튼 당신은 서관에 가지 말았어야 했소!

과거에 벌어졌던 좋지 못한 상황에 대해 스스로 뉘우치거나 유감을 표하면서 '~하지 말았어야 했어'라고 표현할 때는 〈shouldn't have + 과거분사〉의 패턴을 사용하세요.

★ 영화 속 패턴 익히기

❹ Well, you should learn to control your temper! 흠, 당신은 성질머리 좀 고쳐야 해요!

temper는 '성미/성깔/성질'이라는 뜻의 명사예요. 상대방에게 '성미를 죽여/화를 참아라'라고 할 때 바로 이 표현 control your temper를 쓴답니다. 한편, 성미가 급한 사람 즉, 다혈질인 사람은 hot-tempered 혹은 short-tempered라고 표현해요.

* Eddie can't **control his temper.** 에디는 자신의 성미를 조절할 줄 몰라.
* If you don't **control your temper,** I can't live with you anymore.
  네 성질머리를 고치지 않으면 나 더 이상은 너랑 같이 못 살아.

❺ Now, hold still. 자, 가만히 있으세요.

still은 흔히 '아직'이라는 뜻의 부사로 많이 알려졌지만, 이 단어는 '조용한, 고요한, 움직이지 않는'이라는 형용사로도 많이 쓰인답니다. Hold still은 '(움직이지 말고) 가만히 있어'라고 말할 때 쓰는 표현이에요.

* Can't you **hold still** just for a second? 딱 1초만 가만히 있을 수 없겠니?
* **Hold still**, or you'll make it worse. 가만히 있어 안 그러면 오히려 더 힘들어져.

영화 속 패턴 익히기

오늘 배운 장면에서 뽑은 핵심 패턴으로 다양한 표현을 만들어 보세요.

19-2.mp3

If you hadn't + 과거분사, 주어 + wouldn't have + 과거분사

네가 ~하지 않았다면 ~하게 되지 않았을 것이다.

Step 1 기본 패턴 연습하기

1 **If you hadn't** been late, we **wouldn't have** missed the train.
네가 늦지 않았너라면, 우리가 기차를 놓치지 않았을 거야.

2 **If you hadn't** invested all your money on stocks, we **wouldn't have** been broke.
네가 주식에 돈을 몽땅 투자하지 않았더라면, 우리가 빈털터리가 되진 않았을 거야.

3 **If you hadn't** told him, he **wouldn't have** broken up with me.
네가 그에게 말해주지 않았다면, 그가 나와 헤어지지 않았을 거야.

4 ______________________________ married you.
당신이 나를 구해주지 않았다면, 난 당신과 결혼하지 않았을 거예요.

5 ________________ her, ________________ had to say sorry.
네가 그녀에게 상처를 주지 않았다면, 사과할 필요도 없었을 거야.

Step 2 패턴 응용하기 | If + 주어 + 과거분사, 주어 + wouldn't have + 과거분사

1 **If I hadn't** come, I **wouldn't have** found you. 내가 오지 않았다면, 널 찾지도 못했겠지.

2 **If he hadn't** rescued me, I **wouldn't have** been alive. 그가 나를 구해주지 않았다면, 난 살아남지 못했을 거야.

3 **If she hadn't** hung out with me last night, she **wouldn't have** failed the exam.
그녀가 어젯밤에 나와 놀러 나가지 않았다면, 시험에 떨어지지 않았을 거야.

4 ________________ told me I was fat, ________________ gone on a diet.
그들이 나에게 뚱뚱하다고 하지 않았다면, 난 아마 다이어트를 하지 않았을 거야.

5 ______________________________ known the truth.
그가 나에게 말해주지 않았다면, 난 진실을 알지 못했을 거야.

Step 3 실생활에 적용하기

A Did I hurt your feelings by any chance?
B 아니, 전혀. 네가 솔직히 얘기해 주지 않았다면, 난 현실을 깨닫지 못했을 거야.
A Thanks for understanding.

A 혹시 나 때문에 상처받은 건 아니니?
B No, not at all. If you hadn't been honest with me, I wouldn't have realized the reality.
A 이해해 줘서 고마워.

정답 Step 1 4 If you hadn't saved me, I wouldn't have 5 If you hadn't hurt / you wouldn't have Step 2 4 If they hadn't / I wouldn't have 5 If he hadn't told me, I wouldn't have

19-3.mp3

You shouldn't have + 과거분사　　넌 ~하지 말았어야 했어.

Step 1 기본 패턴 연습하기

1 **You shouldn't have** called him today. 넌 오늘 그에게 전화하지 말았어야 했어.

2 **You shouldn't have** slept in. 넌 늦잠자지 말았어야 했어.

3 **You shouldn't have** stayed up all night. 넌 밤을 새우지 말았어야 했어.

4 ______________________ Joe in the first place. 애초에 넌 조를 만나지 말았어야 했어.

5 ______________________ to me. 넌 나에게 거짓말을 하지 말았어야 했어.

Step 2 패턴 응용하기 | 주어 + shouldn't have + 과거분사

1 I **shouldn't have** said that to my son. 난 우리 아들에게 그 말을 하지 말았어야 했어.

2 She **shouldn't have** gone out last night. 그녀는 어젯밤에 외출하지 말았어야 했어.

3 He **shouldn't have** kept any secrets from me. 그는 나한테 비밀을 감추지 말았어야 했어.

4 ______________________ started. 우린 시작하지 말았어야 했어.

5 ______________________ Greg to the party. 그들은 그렉을 파티에 초대하지 말았어야 했어.

Step 3 실생활에 적용하기

A Did I do something wrong?

B 너 프랭크에게 나에 대해 얘기는 하지 말았어야 했어.

A I didn't know you were not on good terms with Frank.

A 내가 뭐 잘못한 거 있니?

B You shouldn't have told Frank about me.

A 너랑 프랭크 사이가 안 좋은지 몰라서 그랬어.

정답 Step 1 4 You shouldn't have met 5 You shouldn't have lied Step 2 4 We shouldn't have 5 They shouldn't have invited

확인학습

문제를 풀며 오늘 배운 표현을 완벽히 내 것으로 만드세요.

A | 영화 속 대화를 완성해 보세요.

BEAST ❶ ________________! 아파요!

BELLE If you'd hold still, it wouldn't hurt as much.
가만히 있으면 그렇게까진 안 아플 거예요.

BEAST Well, ❷ ________________ run away, this ❸ ________________ happened! 쳇, 당신이 도망만 안 갔어도 이런 일은 없었잖소!

BELLE Well, if you hadn't ❹ ________________ me, I wouldn't have ❺ ________________!
흥, 당신이 날 겁주지만 않았어도 내가 도망은 안 갔을 거라고요!

BEAST Well, ❻ ________________ in the West Wing!
흠, 여하튼 당신은 서관에 가지 말았어야 했소!

BELLE Well, you should learn to ❼ ________________!
흠, 당신은 성질머리 좀 고쳐야 해요!

BELLE Now, ❽ ________________. This may sting a little.
자, 가만히 있으세요. 조금 쓰라릴 수도 있어요.

BELLE ❾ ________________, thank you, for ❿ ________________.
그건 그렇고, 고마워요, 제 목숨을 구해주셔서.

BEAST You're welcome.
천만에요.

B | 다음 빈칸을 채워 문장을 완성해 보세요.

1 네가 늦지 않았더라면 우리가 기차를 놓치지 않았을 거야.
If you ________________ missed the train.

2 네가 그에게 말해주지 않았다면 그가 나와 헤어지지 않았을 거야.
If you ________________ broken up with me.

3 그가 나에게 말해주지 않았다면, 난 진실을 알지 못했을 거야.
________________ known the truth.

4 넌 나에게 거짓말을 하지 말았어야 했어.
________________ to me.

5 우린 시작하지 말았어야 했어.
________________ started.

정답 A

❶ That hurts
❷ if you hadn't
❸ wouldn't have
❹ frightened
❺ run away
❻ you shouldn't have been
❼ control your temper
❽ hold still
❾ By the way
❿ saving my life

정답 B

1 hadn't been late, we wouldn't have
2 hadn't told him, he wouldn't have
3 If he hadn't told me, I wouldn't have
4 You shouldn't have lied
5 We shouldn't have

Day 20

Despicable Gaston

야비한 가스통

한편, 가스통은 벨에게 모욕[humiliation]을 당한 것에 대한 앙심을[grudge] 품고 계략을[plot] 꾸밉니다. 벨의 아버지, 모리스를 미친 사람으로 몰아 정신병원에[asylum] 가두고, 벨이 아버지를 구하려고 하면 그 상황을 이용해 벨을 아내로 맞이하겠다는 것이죠. 이쯤 되면 가스통이 정말 벨을 좋아하는 것인지 의문이 생깁니다. 사랑이라는 이름의 집착은 아닐까요?

Warm Up! 오늘 배울 표현

오늘 등장하는 표현들입니다. 어떤 표현이 들어가야 할지 생각해 보세요.

* They said you'd _____. 사람들이 그러길 당신이 내 노고에 보답할 거라고 하더군.
* I' _____ marrying Belle, but she needs a little persuasion.
  내가 벨과 결혼하기로 마음을 먹었는데, 그녀는 조금 설득을 필요로 하고 있소.
* _____ him _____! 그를 단칼에 거절했어요!
* Maurice is _____. 모리스가 누구한테 해를 끼칠만한 사람이 아닌데.
* The point is, Belle _____ keep him from being locked up.
  요점은, 벨은 그가 갇혀 있는 상황을 피하기 위해서는 뭐든지 할 거요.

바로 이 장면!

오디오 파일을 듣고 3번 따라 말해보세요. 20-1.mp3

D'ARQUE 다크

I don't usually leave the asylum in the middle of the night, but they said you'd **make it worth my while.** ❶

내가 보통 야밤에 이렇게 정신병원에서 나오는 사람이 아닌데, 사람들이 그러길 당신이 내 노고에 보답할 거라고 하더군.

D'ARQUE 다크

Aah, I'm listening.

아, 듣고 있네.

GASTON 가스통

It's like this. I'**ve got my heart set on** marrying Belle, but she needs a little persuasion. ❷

자, 이런 상황인 거요. 내가 벨과 결혼하기로 마음을 먹었는데, 그녀는 조금 설득을 필요로 하고 있소.

LEFOU 르푸

Turned him down flat! ❸

그를 단칼에 거절했어요!

GASTON 가스통

Everyone knows her father's a lunatic. He was in here tonight raving about a beast in a castle...

그녀의 아버지가 미치광이라는 것은 모두가 다 알고 있소. 오늘 밤에도 여기에 와서는 성에 사는 야수에 대해서 한참 떠들다가 갔지…

D'ARQUE 다크

Maurice is **harmless.** ❹

모리스가 누구한테 해를 끼칠만한 사람이 아닌데.

GASTON 가스통

The point is, Belle **would do anything to** keep him from being locked up. ❺

요점은, 벨은 그가 갇혀 있는 상황을 피하기 위해서는 뭐든지 할 거요.

LEFOU 르푸

Yeah, even marry him!

맞아요, 심지어는 가스통과의 결혼까지도요!

장면 파헤치기

구문 설명과 예문으로 이 장면의 핵심 표현을 완벽히 이해하세요.

❶ They said you'd make it worth my while. 사람들이 그러길 당신이 내 노고에 보답할 거라고 하더군.

make it worth one's while은 '~의 노고에 보답하다 / 헛고생시키지 않다'라는 뜻으로 쓰는 표현이에요. make it worth는 '가치 있게 만들다'라는 뜻이고 one's while은 '~의 한동안'인데 그것을 '시간/노력' 이라고 바꿔 생각하면 '~의 시간/노력을 가치 있게 만들다'라는 의미가 되겠죠.

* Let me in, I'll **make it worth your while.** 날 들여보내 줘요. 당신의 노고에 보답할 테니.
* You should at least try to **make it worth his while.** 그의 노고에 보답하려고 적어도 노력은 해야지.

❷ I've got my heart set on marrying Belle, but she needs a little persuasion.

내가 벨과 결혼하기로 마음을 먹었는데, 그녀는 조금 설득을 필요로 하고 있소.

have (or have got) one's heart set on something은 '~에 대해 결의하다, 마음을 굳히다'라는 의미예요. '~을 아주 많이 원하고 있다'는 의미로도 쓰이고요. 이 문장에서 set은 '정해진/고정된'이라는 뜻인데 heart를 set on하면 '마음먹다'는 뜻이 되는 거죠.

★영화 속 패턴 익히기

❸ Turned him down flat! 그를 단칼에 거절했어요!

turn someone/something down은 '~을 거절하다/거부하다'라는 의미의 숙어인데 거기에 flat을 더하면 '단호히/딱 잘라/단칼에/일언지하에 거절했다'는 의미가 된답니다. flat의 많은 의미 중에 어떤 제안이나 요구를 거절할 때 단호히 거절한다는 의미가 있다는 것 알아두세요.

* I made him an offer but he **turned it down flat.** 내가 그에게 제안했는데 그가 한마디로 거절했네.
* She told me **flat** she wouldn't go out with me. 그녀는 나와 데이트하지 않겠다고 단호하게 말했어.

❹ Maurice is harmless. 모리스가 누구한테 해를 끼칠만한 사람이 아닌데.

harmless는 '해가 없는, 무해한'이라는 의미로 쓰이는데, 사람을 묘사할 때 '악의 없는, 남에게 해를 끼치지 않는, 남의 기분을 상하게 하지 않을'이라고 해석하면 적절하답니다.

* I know the dog looks scary, but he's **harmless.** 그 개가 무섭게 생긴 건 아는데, 해를 끼치지는 않아.
* Ronny's just drunk. He's **harmless.** 로니가 그냥 술에 취했을 뿐이야, 전혀 악의는 없어.

❺ The point is, Belle would do anything to keep him from being locked up.

요점은, 벨은 그가 갇혀 있는 상황을 피하기 위해서는 뭐든지 할 거요.

〈주어 + would do anything to + 동사〉는 '~을 하기 위해서라면 ~는 무엇이든 할 거다'라는 패턴으로 뒷부분을 'to+동사' 대신 'for+명사' 형태로도 많이 써요.

★영화 속 패턴 익히기

영화 속 패턴 익히기

오늘 배운 장면에서 뽑은 핵심 패턴으로 다양한 표현을 만들어 보세요.

20-2.mp3

I've got my heart set on ~ 난 ~에 대해 마음을 굳혔어 / 결심했어.

Step 1 기본 패턴 연습하기

1 **I've got my heart set on** going to college next year. 난 내년에는 대학가기로 마음을 굳혔어.

2 **I've got my heart set on** Tango lessons. 난 정말 탱고 레슨을 받고 싶어.

3 **I've got my heart set on** heaven. 난 정말 천국에 가고 싶어.

4 ______________________ our wedding day. 난 온통 우리 결혼식 날에 대한 생각 뿐이야.

5 ______________________ a writer one day. 난 언젠가 작가가 되기로 마음을 굳혔어.

Step 2 패턴 응용하기 | He/she + has got one's heart set on ~

1 **He's got his heart set on** making the baseball team. 그는 야구팀을 만들기로 결심했어.

2 **She's got her heart set on** losing 10 kilograms. 그녀는 10kg을 빼기로 결심했어.

3 **He's got his heart set on** earning a graduate degree. 그는 대학원 학위를 받는 데 전념하고 있어.

4 ______________________ a mayor. 그녀는 시장이 되기로 결심했어.

5 ______________________ making a difference in his community.
그녀는 지역사회의 발전을 위해 힘쓰기로 마음먹었지.

Step 3 실생활에 적용하기

A Do you have any plans for this summer?
B 난 요리사 자격증 따기로 마음먹었어.
A Good luck with that!

A 이번 여름에 무슨 계획 있니?
B I've got my heart set on earning a culinary certificate.
A 잘 되길 빌게!

정답 Step 1 4 I've got my heart set on 5 I've got my heart set on being Step 2 4 She's got her heart set on becoming 5 He's got his heart set on

20-3.mp3

I would do anything to keep someone from ~

난 ~가 ~하는 상황을 막기 위해서라면 난 뭐든지 다 할 거야.

Step 1 기본 패턴 연습하기

1 **I would do anything to keep him from** feeling sad. 그가 슬퍼하는 것을 막기 위해서라면 난 뭐든지 다 할 거야.

2 **I would do anything to keep you from** any danger. 난 너를 위험에서 지키기 위해서라면 뭐든지 다 할 거야.

3 **I would do anything to keep my daughter from** harm.
내 딸이 해를 입지 않게 하기 위해서라면 난 뭐든지 다 할 거다.

4 ______________________________ being unhappy.
내 아내가 불행해 지는 것을 막기 위해서라면 난 뭐든지 다 할 거야.

5 ______________________________ getting burnt out.
내가 에너지가 소진되어 버리지 않게 하기 위해서라면 뭐든지 다 할 거야.

Step 2 패턴 응용하기 | I would do anything to + 동사

1 **I would do anything to** protect my family. 우리 가족을 지키기 위해서라면 뭐든 다 할 거야.

2 **I would do anything to** be with you again. 너와 다시 함께할 수 있다면 뭐든 다 할 거야.

3 **I would do anything to** go back to my home country. 조국으로 돌아갈 수만 있다면 뭐든 다 할 것이다.

4 ______________________ her smile. 그녀가 웃게만 만들 수 있다면 난 뭐든 다 할 거야.

5 ______________________ stay away from that guy.
그를 멀리하기 위해서라면 난 뭐든 다 할 거야.

Step 3 실생활에 적용하기

A What would you do if your son was in trouble?

B 내 아들을 어려운 상황에서 구하기 위해서라면 난 뭐든지 다 할 거요.

A I hear you. That's exactly how I feel about my son too.

A 만약 당신의 아들에게 어려운 상황이 생긴다면 어떻게 하실 건가요?

B I would do anything to save my son from trouble.

A 전적으로 동감해요. 나도 아들에 관해서라면 당신과 똑같이 할 거예요.

정답 Step 1 4 I would do anything to keep my wife from 5 I would do anything to keep myself from Step 2 4 I would do anything to make 5 I would do anything to

확인학습 문제를 풀며 오늘 배운 표현을 완벽히 내 것으로 만드세요.

A | 영화 속 대화를 완성해 보세요.

D'ARQUE I don't usually leave the asylum ❶ ________________________ ____________, but they said you'd ❷ ________________________.
내가 보통 야밤에 이렇게 정신병원에서 나오는 사람이 아닌데, 사람들이 그러길 당신이 내 노고에 보답할 거라고 하더군.

D'ARQUE Aah, I'm listening. 아, 듣고 있네.

GASTON It's like this. I've got my ❸ ________________ marrying Belle, but she needs a little persuasion. 자, 이런 상황인 거요. 내가 벨과 결혼하기로 마음을 먹었는데, 그녀는 조금 설득을 필요로 하고 있소.

LEFOU ❹ ________________________! 그를 단칼에 거절했어요!

GASTON Everyone knows her father's a ❺ ________________. He was in here tonight raving about a beast in a castle...
그녀의 아버지가 미치광이라는 것은 모두가 다 알고 있소. 오늘 밤에도 여기에 와서는 성에 사는 야수에 대해서 한참 떠들다가 갔지…

D'ARQUE Maurice is ❻ ________________. 모리스가 누구한테 해를 끼칠만한 사람이 아닌데.

GASTON The point is, Belle would do anything to ❼ ________________ ____________ locked up.
요점은, 벨은 그가 갇혀 있는 상황을 피하기 위해서는 뭐든지 할 거요.

LEFOU Yeah, even marry him! 맞아요. 심지어는 가스통과의 결혼까지도요!

B | 다음 빈칸을 채워 문장을 완성해 보세요.

1 난 언젠가 작가가 되기로 마음을 굳혔어.
________________________ a writer one day.

2 그녀는 10kg을 빼기로 결심했어.
________________________ losing 10 kilograms.

3 내 딸이 해를 입지 않게 하기 위해서라면 난 뭐든지 다 할 거다.
________________________ keep my daughter from harm.

4 우리 가족을 지키기 위해서라면 뭐든 다 할 거야.
________________________ my family.

5 그녀가 웃게만 만들 수 있다면 난 뭐든 다 할 거야.
________________________ her smile.

정답 A

❶ in the middle of the night
❷ make it worth my while
❸ heart set on
❹ Turned him down flat
❺ lunatic
❻ harmless
❼ keep him from being

정답 B

1 I've got my heart set on being
2 She's got her heart set on
3 I would do anything to
4 I would do anything to protect
5 I would do anything to make

Day 21

A Surprise Gift

놀라운 선물

벨과 보내는 시간이 점점 늘어나며 어느새 벨의 매력에 푹 빠진 야수. 마침내 야수는 자신이 벨을 많이 좋아하고 있다는 것을 깨닫게 됐어요. 야수로 변하기 전에는 아마[perhaps] 사랑이라는 감정을 한 번도 느껴본 적이 없었나 봐요. 콕스워스에게 이런 감정은 태어나서 처음이라고[first ever] 고백하네요. 벨을 위해서 뭔가 해주고 싶은데 어떻게 해야 벨이 기뻐할지 몰라 난감해하는 야수가 귀엽기도 하네요. 콕스워스와 뤼미에르가 서로의 연애철학을 내세우며 야수를 도와주려 하는데요, 과연 벨에게 그들의 방법이 통할까요[work]?

Warm Up! 오늘 배울 표현

오늘 등장하는 표현들입니다. 어떤 표현이 들어가야 할지 생각해 보세요.

* ______ this way about anyone. 난 살면서 이런 감정은 처음이야.
* Well, there's the usual things--flowers, chocolates, promises ______ keep... 글쎄요, 일반적으로 하는 것들이 있죠. 꽃, 초콜릿, 지킬 의향이 없는 약속들…
* Belle, ______ show you. 벨, 내가 당신에게 보여주고 싶은 것이 있소.
* ______. 놀라게 해줄 거요.
* ______? 눈 떠도 될까요?

바로 이 장면!

오디오 파일을 듣고 3번 따라 말해보세요. 21-1.mp3

BEAST 야수

I've never felt this way about anyone. ❶ I want to do something for her. But what?

난 살면서 이런 감정은 처음이야. 그녀를 위해 뭔가를 하고 싶은데. 그런데 도대체 뭘 해야 하지?

COGSWORTH 콕스워스

Well, there's the usual things--flowers, chocolates, promises **you don't intend to** keep... ❷

글쎄요, 일반적으로 하는 것들이 있죠. 꽃, 초콜릿, 지킬 의향이 없는 약속들…

LUMIERE 뤼미에르

Ahh, no no. It has to be something very special. Something that sparks her inter--wait a minute.

아, 아니, 아니. 뭔가 특별한 것이어야 해요. 그녀의 관심을 확 끌 수 있는… 잠시만요.

BEAST 야수

Belle, **there's something I want to** show you. ❸

벨, 내가 당신에게 보여주고 싶은 것이 있소.

BEAST 야수

But first, you have to close your eyes.

하지만 먼저, 눈을 감아야만 하오.

BEAST 야수

It's a surprise. ❹

놀라게 해줄 거요.

BELLE 벨

Can I open them? ❺

눈 떠도 될까요?

BEAST 야수

No, no. Not yet. Wait here.

아니, 아니. 아직은 안 되오. 여기서 기다려요.

장면 파헤치기 구문 설명과 예문으로 이 장면의 핵심 표현을 완벽히 이해하세요.

❶ I've never felt this way about anyone. 난 살면서 이런 감정은 처음이야.

태어나서 처음으로 느끼는 강렬한 감정에 대해서 표현하고 싶을 때는 I've never felt~로 문장을 시작해 주세요. 다른 감정을 표현하는 경우에도 쓸 수 있지만, 특히 사랑에 대해서 표현할 때 가장 많이 쓰이죠. ★영화 속 패턴 익히기

❷ Well, there's the usual things--flowers, chocolates, promises you don't intend to keep... 글쎄요, 일반적으로 하는 것들이 있죠. 꽃, 초콜릿, 지킬 의향이 없는 약속들…

〈intend to + 동사〉는 '~을 하려고 생각하다/~을 할 작정이다/~을 할 의향이 있다'라는 의미예요. 그 앞에 '주어 + don't'를 넣으면 '~할 마음/의향이 없다'는 의미가 되지요.

* Does the Pope **intend to** visit Korea? 교황님이 한국을 방문할 의향이 있으신 건가요?
* Don't make any promises **you don't intend to** keep. 지킬 의향도 없는 약속들은 하지 말아라.

❸ Belle, there's something I want to show you. 벨, 내가 당신에게 보여주고 싶은 것이 있소.

〈There's something I want to + 동사〉는 '내가 ~하고 싶은 것이 있다'라는 의미의 패턴이에요. 문장이 단순히 '~가 하고 싶다'가 아니라 There's something을 앞에 넣어서 '내가 하고 싶은 무엇인가가 있다'는 것을 강조하는 것이에요. ★영화 속 패턴 익히기

❹ It's a surprise. 놀라게 해줄 거요.

생일을 맞은 당사자가 모르게 친구들이 모여서 몰래 숨어있다가 나와서 깜짝 놀라게 해주는 파티를 a surprise party라고 하죠? 그런 것처럼 a surprise gift/present '깜짝 선물'이라고 표현할 수도 있는데, 이 문장에서는 gift/present를 생략하고 짧게 a surprise라고 표현했네요.

* Is this **a surprise**? 이거 깜짝 선물/파티인 거니?
* I booked this place as **a surprise** for my girlfriend. 여자 친구한테 깜짝 파티해 주려고 내가 여기 예약했어.

❺ Can I open them? 눈 떠도 될까요?

이 장면에서 them은 벨의 눈을 가리킵니다. 야수가 벨에게 깜짝 선물(도서관)을 보여주려고 눈을 가리고 있으라고 하니 벨은 얼마나 궁금했겠어요. 친구에게 선물을 받았을 때도 이 표현을 쓸 수 있어요.

* Should I **open it** now or later? 지금 열어 볼까 아니면 나중에 열어 볼까?
* **Open it** later when you are alone. 나중에 혼자 있을 때 열어 봐.

영화 속 패턴 익히기

오늘 배운 장면에서 뽑은 핵심 패턴으로 다양한 표현을 만들어 보세요.

21-2.mp3

I've never felt ~

이런 감정은 처음이야.

Step 1 기본 패턴 연습하기

1 **I've never felt** more alive. 이렇게 살아있다는 느낌은 처음이야.

2 **I've never felt** this close to you. 당신과 이렇게 가깝게 느낀 건 처음이에요.

3 **I've never felt** so good. 이렇게 기분이 좋은 건 처음이야.

4 ________________ so much in love. 이토록 푹 사랑에 빠진 건 처음이야.

5 ________________ so guilty in my life. 이처럼 죄책감을 느끼는 건 평생 처음이네.

Step 2 패턴 응용하기 | 주어 + have/has never felt ~

1 **He's never felt** happier before. 그가 이토록 행복했던 적은 없었다.

2 **She's never felt** so old. 그녀가 이처럼 늙은 기분이 드는 건 처음이었지.

3 **They've never felt** smarter. 그들이 이처럼 똑똑하다는 기분이 든 건 처음이었지.

4 ________________ loved. 우리가 이토록 사랑받고 있다는 느낌은 처음이야.

5 ________________ so confident. 케빈이 이토록 자신감이 넘치는 건 처음이다.

Step 3 실생활에 적용하기

A How do you feel?
B 이렇게 기분이 좋은 건 처음이야.
A That's just what I wanted to hear from you.

A 기분이 어때?
B I've never felt better.
A 내가 너에게 듣고 싶던 말이 바로 그 말이야.

정답 Step 1 4 I've never felt 5 I've never felt Step 2 4 We've never felt more 5 Kevin never felt

21-3.mp3

There's something I want to ~ 내가 ~하고 싶은 것이 있어.

Step 1 기본 패턴 연습하기

1 **There's something I want to** tell you. 너에게 말해 주고 싶은 게 있어.

2 **There's something I want to** say to all of you. 너희 모두에게 말하고 싶은 것이 있다.

3 **There's something I want to** do before I die. 죽기 전에 하고 싶은 것이 있어.

4 ________________ before we eat. 먹기 전에 너에게 보여 주고 싶은 것이 있어.

5 ________________ share with you. 너와 나누고 싶은 이야기가 있어.

Step 2 패턴 응용하기 | There's something I + 조동사 + 동사

1 **There's something I** need to know. 내가 알아야만 할 게 있어.

2 **There's something I**'ve always wanted to do. 내가 늘 하고 싶었던 게 있다.

3 **There's something I** want you to do. 네가 했으면 하는 것이 있어.

4 ________________ been meaning to ask you. 당신께 물어보려고 했던 질문이 있어요.

5 ________________ need to get off my chest. 그동안 가슴 속에 묻어 두었던 하고 싶은 말이 있어요.

Step 3 실생활에 적용하기

A 항상 너에게 하고 싶었던 말이 있었어.

B What is it?

A 나 고등학교 때 너 좋아했었어.

A There's something I have always wanted tell you.

B 뭔데?

A I had a crush on you in high school.

정답 Step 1 4 There's something I want to show you 5 There's something I want to Step 2 4 There's something I've 5 There's something I

확인학습

문제를 풀며 오늘 배운 표현을 완벽히 내 것으로 만드세요.

A | 영화 속 대화를 완성해 보세요.

BEAST ❶ ______________ about anyone. I want to ❷ ______________ for her. But what?
난 살면서 이런 감정은 처음이야. 그녀를 위해 뭔가를 하고 싶은데. 그런데 도대체 뭘 해야 하지?

COGSWORTH Well, there's the usual things--flowers, chocolates, promises ❸ ______________ keep...
글쎄요. 일반적으로 하는 것들이 있죠. 꽃, 초콜릿, 지킬 의향이 없는 약속들…

LUMIERE Ahh, no no. It has to be something ❹ ______________. Something that sparks her inter--❺ ______________.
아, 아니, 아니. 뭔가 특별한 것이어야 해요. 그녀의 관심을 확 끌 수 있는… 잠시만요.

BEAST Belle, there's something ❻ ______________.
벨, 내가 당신에게 보여주고 싶은 것이 있소.

BEAST But first, you have to ❼ ______________.
하지만 먼저, 눈을 감아야만 하오.

BEAST It's ❽ ______________.
놀라게 해줄 거요.

BELLE ❾ ______________ them?
눈 떠도 될까요?

BEAST No, no. ❿ ______________. Wait here.
아니, 아니. 아직은 안 되오. 여기서 기다려요.

B | 다음 빈칸을 채워 문장을 완성해 보세요.

1 이처럼 살아있다는 느낌은 처음이야.
______________ more alive.

2 이렇게 기분이 좋은 건 처음이야.
______________ so good.

3 그가 이토록 행복했던 적은 없었다.
______________ before.

4 죽기 진에 하고 싶은 것이 있어.
______________ do before I die.

5 내가 늘 하고 싶었던 게 있다.
______________ wanted to do.

정답 A

❶ I've never felt this way
❷ do something
❸ you don't intend to
❹ very special
❺ wait a minute
❻ I want to show you
❼ close your eyes
❽ a surprise
❾ Can I open
❿ Not yet

정답 B

1 I've never felt
2 I've never felt
3 He's never felt happier
4 There's something I want to
5 There's something I've always

Day 22

Coming Together as One

둘이 하나가 되는 것

벨과 야수는 점점 친밀해지고 있습니다. 이제 누가 봐도 둘 사이엔 뭔가 특별한 것[something special]이 있다는 것을 느낄 수 있을 정도예요. 이 사실을 그 누구보다도 가장 기뻐하는 건 역시 성안 식구들이죠. 평생 야수가 누군가와 사랑에 빠지기만을 기다려왔으니까요. 모두가 간절히[sincerely] 바라긴 했지만, 벨과 야수가 정말 서로를 좋아하게 될 줄 누가 알았겠어요? 하지만 그들 둘이 잘되는 것을 가만히 지켜볼 수 없는 사내, 가스통이 있으니 아직 마음을 놓을 수가 없어요.

Warm Up! 오늘 배울 표현

오늘 등장하는 표현들입니다. 어떤 표현이 들어가야 할지 생각해 보세요.

* Well, ________? 거참, 누가 생각이나 했겠어요?
* Well, ________. 원 세상에.
* And who'd have guessed they'd come together ________?
  또 그들이 저렇게 스스로 합치게 될지 누가 추측이나 했겠어요?
* There may be something ________.
  그 전에는 없었던 무엇인가가 있는지도 몰라요.
* I'll tell you ________. 네가 나중에 더 크면 얘기해 줄게.

바로 이 장면!

오디오 파일을 듣고 3번 따라 말해보세요. 22-1.mp3

LUMIERE 뤼미에르
Well, **who'd have thought?** ❶
거참, 누가 생각이나 했겠어요?

MRS. POTTS 포트 부인
Well, **bless my soul.** ❷
원 세상에.

COGSWORTH 콕스워스
And who'd have known?
그리고 누가 알았겠어요?

MRS. POTTS 포트 부인
Well, who indeed?
그러게, 진짜 누가 알았겠냐고?

LUMIERE 뤼미에르
And who'd have guessed they'd come together **on their own**? ❸
또 그들이 저렇게 스스로 합치게 될지 누가 추측이나 했겠어요?

MRS. POTTS 포트 부인
It's so peculiar.
정말 기묘하네요

ALL 모두
We'll wait and see.
A few days more.
There may be something there that wasn't there before. ❹
우린 지켜볼 거예요.
며칠 더.
그 전에는 없었던 무엇인가가 있는지도 몰라요.

COGSWORTH 콕스워스
Yes, perhaps there's something there that wasn't there before.
맞아요, 어쩌면 그 전에는 없었던 무엇인가가 있는지도 몰라요.

CHIP 칩
What?
뭐가요?

MRS. POTTS 포트 부인
There may be something there that wasn't there before.
그 전에 없었던 무엇인가가 생겼는지도 몰라.

CHIP 칩
What's there, mama?
거기가 어딘데요, 엄마?

MRS. POTTS 포트 부인
I'll tell you **when you're older.** ❺
네가 나중에 더 크면 얘기해 줄게.

장면 파헤치기

구문 설명과 예문으로 이 장면의 핵심 표현을 완벽히 이해하세요.

❶ Well, who'd have thought? 거참. 누가 생각이나 했겠어요?

Who'd have thought?는 Who would have thought?을 줄인 문장으로 '그 누구도 생각/상상 못 했을 것 같다'고 말할 때 쓰는 표현입니다. that절 뒤에 내용이 연결될 수 있어요. 예를 들어, Who'd have thought that you'd be my colleague? '네가 내 동료일지 누가 생각이나 했겠니?' 이런 식으로 말이죠.

★영화 속 패턴 익히기

❷ Well, bless my soul. 원 세상에.

이 표현은 Oh my God와 비슷하게 놀람이나 성남을 표현할 때 쓰는 감탄사인데요, 우리말로 '저런, 이크, 세상에나! 당치 않아!'로 쓸 수 있습니다. Bless my soul이라고 하는 대신에 간단하게 Bless me! 또는 God bless me!라고 쓰기도 해요.

* Tony broke his arm? **Bless my soul!** 토니가 팔이 부러졌다고? 저런!
* **Bless my soul!** How could this happen? 아뿔싸! 어떻게 이런 일이 있을 수가 있지?

❸ And who'd have guessed they'd come together on their own?
또 그들이 저렇게 스스로 합치게 될지 누가 추측이나 했겠어요?

on one's own은 '혼자서, 단독으로, 혼자 힘으로'라는 뜻이에요. 남의 도움 없이 자신의 힘으로 무엇을 해내다 라는 의미로 주로 쓰이지요.

★영화 속 패턴 익히기

❹ There may be something there that wasn't there before.
그 전에는 없었던 무엇인가가 있는지도 몰라요.

이 문장은 평상시 많이 쓰이는 표현이라기보다는 〈미녀와 야수〉 영화 속 장면 중 명대사로 외워주시면 좋아요. 야수와 벨 사이에 없었던 감정이 싹터 오르기 시작하는 표현한 예쁜 대사지요.

* **There may be something there that wasn't there before.** It may be love.
  그 전에는 없었던 무엇인가가 있는지도 몰라요. 어쩌면 사랑일지도.
* Who knows what it is. But **there may be something there that wasn't there before.**
  그게 무엇인지 누가 알겠어요. 하지만 그 전에는 없었던 무엇인가가 있는지도 몰라요.

❺ I'll tell you when you're older. 네가 나중에 더 크면 얘기해 줄게.

when you are older는 '나이가 더 들면'이라는 의미인데 의역해서 '나중에 더 크면'으로 해석했어요. 정확히 언제일지는 모르지만, 지금보다는 조금 더 컸을 때 네가 사랑이라는 감정을 이해할 수 있을 때 이야기해 주겠다는 뜻이지요.

* **When you are older**, you'll understand what I'm talking about.
  나중에 더 크면 내가 무슨 얘기하는 건지 이해할 거야.
* I wonder what she'll look like **when she's older.** 그녀가 나이가 들면 어떤 모습일지 궁금해.

영화 속 패턴 익히기

오늘 배운 장면에서 뽑은 핵심 패턴으로 다양한 표현을 만들어 보세요.

22-2.mp3

Who'd have thought + (that) + 주어 + would/could + 동사

누가 ~하리라고 생각이나 했겠니?

Step 1 기본 패턴 연습하기

1 **Who'd have thought** I **would** win the first prize? 내가 1등을 하리라고 누가 생각이나 했겠니?

2 **Who'd have thought** this **could** ever happen? 이런 일이 있으리라고 누가 생각이나 했겠니?

3 **Who'd have thought** we **would** be here? 우리가 여기 있을 거라고 누가 생각이나 했겠니?

4 ______________________ make such a touching song?
네가 그런 감동적인 노래를 만들 수 있을 거라고 누가 생각이나 했겠니?

5 ______________________ make it to the final round?
그들이 결승전까지 가리라고 누가 생각이나 했겠니?

Step 2 패턴 응용하기 | Who'd have known (that) + 주어 + would/could + 동사

1 **Who'd have known** you **would** be so smart? 네가 이렇게 똑똑할 줄 누가 알았겠니?

2 **Who'd have known** we **would** get married? 우리가 결혼할 줄 누가 알았겠니?

3 **Who'd have known** I **would** ever miss you so much? 내가 널 이렇게 많이 그리워할 줄 누가 알았겠어?

4 ______________________ end up failing? 그녀가 결국 실패하리라고 누가 알았겠어?

5 ______________________ be under so much stress?
그가 이렇게까지 스트레스를 받고 있을 줄 누가 알았겠어?

Step 3 실생활에 적용하기

A Who'd have thought she would make it to the top?
B 내가! 난 항상 그녀가 남다르다고 생각했었어.
A Really? You are very insightful.

A 그녀가 이렇게까지 성공하리라고 누가 생각이나 했겠어?
B Me! I've always thought that she was different.
A 정말? 넌 아주 통찰력이 대단하구나.

정답 Step 1 4 Who'd have thought you could 5 Who'd have thought they would Step 2 4 Who'd have known she would 5 Who'd have known he would

22-3.mp3

~ on your own 너 혼자서, 너 혼자 힘으로

Step 1 기본 패턴 연습하기

1 I have nothing more to teach you, you are **on your own**.
난 너에게 더 이상 가르칠 것이 없어. 이제 너 혼자 알아서 해라.

2 You need to do this **on your own**. 이건 너 혼자 힘으로 해야 해.

3 Did you really make this origami crane **on your own**? 이 종이학 정말 너 혼자서 만든 거야?

4 You are going to have to figure it ______________. 이건 너 혼자서 알아내야만 할 문제란다.

5 Get used to doing things ______________. 혼자 하는 것에 익숙해지거라.

Step 2 패턴 응용하기 | ~ on one's own

1 She made this cake **on her own**. 그녀는 이 케이크를 혼자 만들었어.

2 He learned to play the piano **on his own**. 그는 피아노를 독학으로 배웠어.

3 I have to live **on my own** from now on. 난 이제부터 혼자 힘으로 살아가야 해.

4 This problem is too difficult to ______________.
우리의 능력만으로 해결하기엔 이 문제는 너무 어려워.

5 Owen did all this ______________ he was five.
오웬이 다섯 살 때 이 모든 것을 다 혼자서 해낸 거야.

Step 3 실생활에 적용하기

A Dad, can you help me with this homework assignment?

B 아니, 미안하지만 안될 것 같은데. 그건 너 혼자 힘으로 해야 하는 거야.

A Come on, dad. It wouldn't hurt to help out a little.

A 아빠, 숙제 좀 도와주실 수 있으세요?

B I'm afraid not. You have to do it on your own.

A 에이, 아빠. 조금 도와준다고 어디 덧나는 것도 아닌데.

정답 Step 1 4 out on your own 5 on your own Step 2 4 solve on our own 5 on his own when

확인학습

문제를 풀며 오늘 배운 표현을 완벽히 내 것으로 만드세요.

A | 영화 속 대화를 완성해 보세요.

LUMIERE	Well, ❶ ______________? 거참, 누가 생각이나 했겠어요?
MRS. POTTS	Well, ❷ ______________. 원 세상에.
COGSWORTH	And who'd have known? 그리고 누가 알았겠어요?
MRS. POTTS	Well, ❸ ______________? 그러게, 진짜 누가 알았겠냐고?
LUMIERE	And who'd have guessed they'd come together ❹ ______________? 또 그들이 저렇게 스스로 합치게 될지 누가 추측이나 했겠어요?
MRS. POTTS	It's so ❺ ______________. 정말 기묘하네요
ALL	We'll ❻ ______________. A few days more. There may be something there that wasn't there before. 우린 지켜볼 거예요. 며칠 더. 그 전에는 없었던 무엇인가가 있는지도 몰라요.
COGSWORTH	Yes, perhaps there's something there that wasn't there before. 맞아요, 어쩌면 그 전에는 없었던 무엇인가가 있는지도 몰라요.
CHIP	What? 뭐가요?
MRS. POTTS	❼ ______________. 그 전에 없었던 무엇인가가 생겼는지도 몰라.
CHIP	What's there, mama? 거기가 어딘데요, 엄마?
MRS. POTTS	I'll tell you ❽ ______________. 네가 나중에 더 크면 얘기해 줄게.

B | 다음 빈칸을 채워 문장을 완성해 보세요.

1 내가 1등을 하리라고 누가 생각이나 했겠니?
______________ win the first prize?

2 우리가 결혼할 줄 누가 알았겠니?
______________ get married?

3 그가 이렇게까지 스트레스를 받고 있을 줄 누가 알았겠어?
______________ be under so much stress?

4 이건 너 혼자서 알아내야만 할 문제란다.
You are going to have to figure it ______________.

5 그는 피아노를 독학으로 배웠어.
He learned to ______________.

정답 A

❶ who'd have thought
❷ bless my soul
❸ who indeed
❹ on their own
❺ peculiar
❻ wait and see
❼ There may be something there that wasn't there before
❽ when you're older

정답 B

1 Who'd have thought I would
2 Who'd have known we would
3 Who'd have known he would
4 out on your own
5 play the piano on his own

Day 23

Tonight Is the Night!

오늘 밤이 바로 그날이에요!

오늘 밤, 드디어 야수가 벨에게 사랑을 고백하려[confess] 해요. 야수가 정말 큰 용기를 내서 결심을 했나 봐요. 그런데 난생처음 해보는 사랑 고백이라서 무슨 말을 어떻게 해야 할지 도무지 감이 서질 않네요. 언제나처럼[as always] 뤼미에르가 열심히 조언[advice]을 해주는데요, 음악도 분위기도 중요하지만 가장 중요한 것은 역시 진심을 보여주는 것이겠죠? 야수가 어떤 고백을 할지 정말 궁금해지네요. Tonight is the night! 오늘 밤, 야수의 고백으로 벨과 야수가 서로의 마음을 확인하며 마법이 풀리게 될까요?

Warm Up! 오늘 배울 표현

오늘 등장하는 표현들입니다. 어떤 표현이 들어가야 할지 생각해 보세요.

* ______________! 오늘 밤이 바로 그 날이에요!
* ______________ be timid. 소심하게 구실 시간이 없어요.
* ______________, you confess your love. 분위기가 무르익으면 사랑을 고백하세요.
* You ________ the girl, don't you? 그녀를 좋아하시죠, 그죠?
* ______________. 세상 그 무엇보다도 더.

바로 이 장면!

오디오 파일을 듣고 3번 따라 말해보세요. 23-1.mp3

LUMIERE 뤼미에르

Tonight is the night! ①
오늘 밤이 바로 그 날이에요!

BEAST 야수

I'm not sure I can do this.
글쎄 내가 할 수 있을지 모르겠군.

LUMIERE 뤼미에르

You don't have time to be timid. ② You must be bold, daring.
소심하게 구실 시간이 없어요. 용감하고 대담해야만 해요.

BEAST 야수

Bold. Daring.
용감하고 대담하게.

LUMIERE 뤼미에르

There will be music. Romantic candlelight, provided by myself, and **when the time is right**, you confess your love. ③
음악이 있을 거고, 로맨틱한 촛불, 제가 준비할 거예요, 그리고 분위기가 무르익으면 사랑을 고백하세요.

BEAST 야수

Yes, I – I can--No, I can't.
그래, 난…난 할 수…아니 난 못하겠어.

LUMIERE 뤼미에르

You **care for** the girl, don't you? ④
그녀를 좋아하시죠, 그죠?

BEAST 야수

More than anything. ⑤
세상 그 무엇보다도 더.

LUMIERE 뤼미에르

Well then you must tell her.
자 그렇다면 그녀에게 말해야만 해요.

장면 파헤치기

구문 설명과 예문으로 이 장면의 핵심 표현을 완벽히 이해하세요.

❶ Tonight is the night! 오늘 밤이 바로 그 날이에요!

고대하던 그 중요한 날이 바로 오늘 밤이라는 표현이네요. 여기에서 the night를 굳이 important night이라고 하면 멋이 떨어지죠? 때로는 짧고 간결한 표현이 훨씬 더 임팩트가 있는 법이랍니다.

* **Tonight is the night.** I've been waiting for this for a long, long time.
  드디어 그 날이 왔네. 이날을 난 정말 너무도 오랫동안 기다려왔어.
* Are you ready for this? **Tonight is the night!** 준비되셨나요? 드디어 기다리던 그 밤이 왔네요!

❷ You don't have time to be timid. 소심하게 구실 시간이 없어요.

〈You don't have time to + 동사〉는 서둘러야 한다고 재촉하며 '이제 지체할 시간이 없다' '~하고 있을 시간이 없다'고 할 때 쓰는 표현이에요. 바로 실행해야만 하는 중요한 일이 있을 때 써 주세요.

★ 영화 속 패턴 익히기

❸ When the time is right, you confess your love. 분위기가 무르익으면 사랑을 고백하세요.

우리말의 '(적당한/적절한) 때가 되면/오면'이라는 표현을 영어로 가장 비슷하게 표현하면 when the time is right가 됩니다. when the time comes라는 표현도 많이 쓰여요.

★ 영화 속 패턴 익히기

❹ You care for the girl, don't you? 그녀를 좋아하시죠, 그죠?

care for someone/something은 '~을 보살피다, 돌보다'라는 의미로 'take care of ~' 'look after ~'와 동의 표현이에요. 지금과 같이 '좋아하다, 소중히 여기다'라는 의미로도 쓰일 수 있답니다.

* I **care for** you. 난 당신을 좋아해요.
* She has been **caring for** her sick father for a long time. 그녀는 병든 아버지를 오랫동안 간호해 왔어.

❺ More than anything. 세상 그 무엇보다도 더.

상대방이 무엇을 좋아하는지 싫어하는지 물어볼 때 그것에 대한 나의 감정을 강조하며 말할 때 쓰는 표현이에요. 주어 동사를 넣어서 완전한 문장으로 쓸 수도 있겠지만, 상대방이 한 말은 생략해도 소통에 전혀 문제가 없으니 이렇게 짧게 말하는 것도 좋지요.

* Do I want it? Yes, I want it **more than anything!** 그걸 원하냐고? 당연하지, 세상 그 무엇보다도 더 원해!
* I love you **more than anything.** 세상 그 무엇보다도 더 당신을 사랑해요.

영화 속 패턴 익히기

오늘 배운 장면에서 뽑은 핵심 패턴으로 다양한 표현을 만들어 보세요.

23-2.mp3

You don't have time to + 동사   이제 ~할 시간이 없다.

Step 1 기본 패턴 연습하기

1 **You don't have time to** read the newspaper. 너 지금 신문 읽을 시간 없어.

2 **You don't have time to** waste. 허비할 시간 없어.

3 **You don't have time to** sit here and worry about it. 여기 앉아서 그거 걱정하고 있을 시간 없어.

4 ______________________ space out. 멍 때리고 있을 시간 없어.

5 ______________________. 먹고 있을 시간 없어.

Step 2 패턴 응용하기 | 주어 + don't/doesn't have time to + 동사

1 We **don't have time to** deal with that now. 우린 지금 그 문제를 다루고 있을 시간이 없어.

2 I **don't have time to** fool around. 난 노닥거리고 다닐 시간 없다.

3 We **don't have time to** beat around the bush. 우리 지금 빙빙 돌려서 말할 시간 없어.

4 ______________________ chat. 그녀는 수다 떨고 있을 시간 없다.

5 ______________________. 그는 긴장을 풀고 있을 시간 없어.

Step 3 실생활에 적용하기

A 우리 그것에 대해 이야기할 시간 없어. 빨리 좀 가자!

B Hey, what's the rush?

A 3분 후면 버스가 도착할 시간이야. 우리 어서 가야만 해.

A We don't have time to talk about it. Let's go already!

B 이봐, 왜 이렇게 서둘러?

A The bus is arriving in 3 minutes. Come on, we have to get going.

정답 Step 1 4 You don't have time to 5 You don't have time to eat Step 2 4 She doesn't have time to 5 He doesn't have time to relax

23-3.mp3

When the time is right (적당한/적절한) 때가 되면/오면

Step 1 기본 패턴 연습하기

1 **When the time is right**, I'll tell you all about it. 때가 되면, 모든 걸 다 얘기해 줄게.

2 You'll know **when the time is right**. 때가 되면, 알게 될 거야.

3 **When the time is right**, I'll come back for you. 때가 되면, 내가 너에게로 돌아올 거야.

4 You'll find the right guy for you ______________________.
때가 되면, 너에게 어울리는 남자를 만날 거야.

5 Everything will fall into its place ______________________.
때가 되면, 모든 것이 다 앞뒤가 맞아떨어질 거야.

Step 2 패턴 응용하기 | When the time comes

1 **When the time comes**, will you be prepared? 때가 됐을 때, 당신은 준비가 되어 있을까요?

2 **When the time comes**, you will know what to do. 때가 되면, 네가 무엇을 해야 할지 알 거야.

3 **When the time comes**, we have to make the final decision.
때가 이르면, 우리는 최종결정을 해야만 한다.

4 ______________________, there will be no time. 그때가 되면, (이미 늦어서) 시간이 없을 거야.

5 ______________________, people will seek the truth.
때가 이르면, 사람들은 진실을 찾으려고 애쓸 것이야.

Step 3 실생활에 적용하기

A Would I ever get married? And how would I know for sure who I should get married with?

B 때가 되면, 누구와 결혼해야 할지 네가 분명히 알 수 있을 거야.

A I hope the time will come soon.

A 제가 결혼을 할까요? 그리고 결혼을 한다면 누구랑 해야 할지 어떻게 확실히 알 수 있을까요?

B When the time is right, you'll know exactly who you should get married with.

A 그때가 빨리 왔으면 좋겠네요.

정답 Step 1 4 when the time is right 5 when the time is right Step 2 4 When the time comes 5 When the time comes

확인학습

문제를 풀며 오늘 배운 표현을 완벽히 내 것으로 만드세요.

A | 영화 속 대화를 완성해 보세요.

LUMIERE ❶ ______________________!
오늘 밤이 바로 그 날이에요!

BEAST I'm not sure ❷ ______________.
글쎄 내가 할 수 있을지 모르겠군.

LUMIERE ❸ ______________________ be timid. You must be bold, daring. 소심하게 구실 시간이 없어요. 용감하고 대담해야만 해요.

BEAST ❹ __________. Daring.
용감하고 대담하게.

LUMIERE ❺ ______________ music. Romantic candlelight, ❻ ______________, and when the ❼ ______________, you confess your love.
음악이 있을 거고, 로맨틱한 촛불, 제가 준비할 거예요. 그리고 분위기가 무르익으면 사랑을 고백하세요.

BEAST Yes, I – I can--No, I can't.
그래, 난…난 할 수…아니 난 못하겠어.

LUMIERE You ❽ ______________ the girl, don't you?
그녀를 좋아하시죠, 그죠?

BEAST ❾ ______________________.
세상 그 무엇보다도 더.

LUMIERE Well then you ❿ ______________.
자 그렇다면 그녀에게 말해야만 해요.

B | 다음 빈칸을 채워 문장을 완성해 보세요.

1 허비할 시간 없어.
______________________ waste.

2 여기 앉아서 그거 걱정하고 있을 시간 없어.
______________________ sit here and worry about it.

3 우리 지금 빙빙 돌려서 말할 시간 없어.
______________________ beat around the bush.

4 때가 되면, 모든 걸 다 얘기해 줄게.
______________________, I'll tell you all about it.

5 때가 되면, 네가 무엇을 해야 할지 알 거야.
______________________ know what to do.

정답 A

❶ Tonight is the night
❷ I can do this
❸ You don't have time to
❹ Bold
❺ There will be
❻ provided by myself
❼ time is right
❽ care for
❾ More than anything
❿ must tell her

정답 B

1 You don't have time to
2 You don't have time to
3 We don't have time to
4 When the time is right
5 When the time comes, you will

Day 24

Free at Last

드디어 자유의 몸

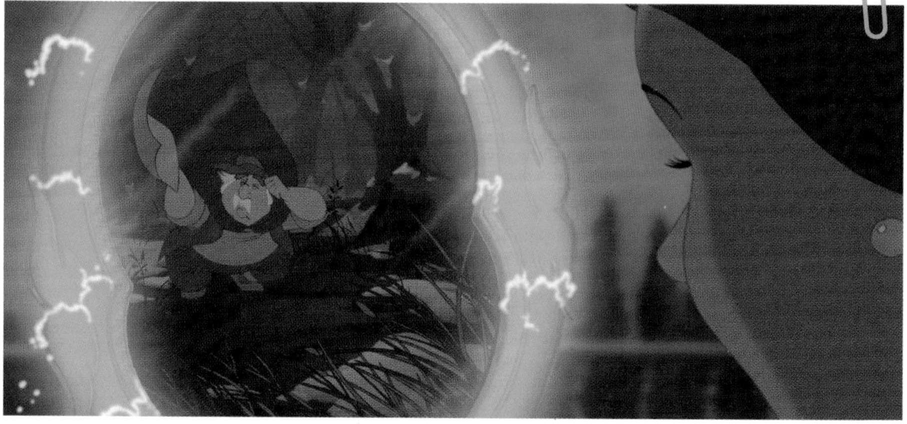

야수가 벨에게 고백을 하려던 찰나, 벨은 마법의 거울로 아버지가 곤경에 처한 것을 알게 됩니다. 마음이 찢어지지만[heartbreaking] 성에 갇힌 신세라서 어찌할 도리가 없네요. 그런 벨의 마음을 헤아린[understand] 야수는 벨에게 아버지를 도우러 가라고 합니다. 더 이상 포로로 잡고 있지 않을 테니 떠나라고요. 벨은 마침내 자유의 몸이 됐습니다[freed]. 아버지를 구하러 갈 수 있다는 생각에 야수의 마음은 헤아릴 겨를도 없이 급하게 길을 떠납니다. '감사해요'라는 한마디만 남기고 말이죠. 이 사실을 알게 된 콕스워스가 왜 벨을 놓아줬냐고 물어보니 야수가 대답합니다. 그녀를 사랑해서라고요.

Warm Up! 오늘 배울 표현

오늘 등장하는 표현들입니다. 어떤 표현이 들어가야 할지 생각해 보세요.

* He's sick, ________ dying. 아빠가 아파요, 돌아가실지도 몰라요.
* You are ________ my prisoner. 이제 당신은 더 이상 제 포로가 아니오.
* You mean...I'm ________? 그러니까…저를 풀어 준다고요?
* Hold on, Papa. I'm ________. 잠시만요, 아빠. 지금 가고 있어요.
* Take it with you, so you'll always have a way to ________, and remember me.
가지고 가시오, 그래서 늘 다시 되돌아볼 수 있도록, 그리고 나도 기억할 수 있도록.

바로 이 장면!

오디오 파일을 듣고 3번 따라 말해보세요. 24-1.mp3

BELLE 벨

Papa. Oh, no. He's sick, **he may be** dying. ❶ And he's all alone.
아빠. 안돼요. 아빠가 아파요. 돌아가실지도 몰라요. 게다가 혼자 있어요.

BEAST 야수

Then...then you must go to him.
그렇다면… 그렇다면 당신이 그에게로 가봐야지요.

BELLE 벨

What did you say?
뭐라고 하셨어요?

BEAST 야수

I release you. You are **no longer** my prisoner. ❷
당신을 풀어 주겠소. 이제 당신은 더 이상 제 포로가 아니오.

BELLE 벨

You mean...I'm **free**? ❸
그러니까…저를 풀어 준다고요?

BEAST 야수

Yes.
그렇소.

BELLE 벨

Oh, thank you. Hold on, Papa. I'm **on my way**. ❹
오, 고마워요. 잠시만요, 아빠. 지금 가고 있어요.

BEAST 야수

Take it with you, so you'll always have a way to **look back**, and remember me. ❺
가지고 가시오. 그래서 늘 다시 되돌아볼 수 있도록, 그리고 나도 기억할 수 있도록.

장면 파헤치기

구문 설명과 예문으로 이 장면의 핵심 표현을 완벽히 이해하세요.

❶ He's sick, he may be dying. 아빠가 아파요, 돌아가실지도 몰라요.

'아마, 어쩌면'이라는 의미의 부사로 maybe가 익숙하실 거예요. 이번 표현과 같이 may가 조동사로 쓰이고 그 뒤에 be동사가 오는 경우도 꽤 많답니다. 그럴 때는 may be를 꼭 떨어뜨려서 써야 해요.

★ 영화 속 패턴 익히기

❷ You are no longer my prisoner. 이제 당신은 더 이상 제 포로가 아니오.

no longer는 '더 이상 ~하지 않는/~이 아닌'이라는 표현인데 이 두 단어는 항상 붙어 다녀요. 비슷한 의미로 not any longer도 쓸 수 있습니다.

★ 영화 속 패턴 익히기

❸ You mean...I'm free? 그러니까…저를 풀어 준다고요?

free라고 하면 가장 먼저 떠오르는 의미는 '공짜'인데요, '한가한' 그리고 '자유로운, 통제받지 않는'이라는 뜻도 자주 쓰입니다. 이 문장에서는 바로 이 '자유로운 몸이 된, 석방된, 풀려난'이라는 의미로 쓰였습니다.

* He's been jailed for the past 10 years. But now he's **free**.
  그는 지난 10년간 수감생활을 했어. 하지만 지금은 풀려났지.
* You are **free** to do anything you want. 네가 하고 싶은 것 아무거나 다 해도 돼.

❹ Hold on, Papa. I'm on my way. 잠시만요, 아빠. 지금 가고 있어요.

on one's way 또는 on the way는 '~하는 중에, 도중에'라는 의미예요. 특히 '~로 가는 중이다'는 표현을 할 때 가장 많이 쓰이지요.

* I'll get that **on the way** home. 집에 가는 길에 그것 사갈게.
* She saw a dog **on her way** to school. 그녀가 학교 가는 길에 개를 봤어.

❺ Take it with you, so you'll always have a way to look back, and remember me.
가지고 가시오, 그래서 늘 다시 되돌아볼 수 있도록, 그리고 나도 기억할 수 있도록.

'(과거를) 회상하다, 되돌아보다'라는 의미로 많이 쓰이는 표현은 look back이에요. '~을 되돌아보다'라고 목적어를 넣을 때는 뒤에 on이 붙습니다.

* **Looking back** on my childhood, I have so many great memories.
  내 어린 시절을 회상해 보면 나에겐 정말 좋은 추억들이 많이 있네.
* We need to **look back** on our lives from time to time. 우린 때로 우리의 삶을 되돌아볼 필요가 있어.

영화 속 패턴 익히기

오늘 배운 장면에서 뽑은 핵심 패턴으로 다양한 표현을 만들어 보세요.

24-2.mp3

He may be + 동사-ing/명사/형용사 그는 ~하고 있을/~일지도 모른다.

Step 1 기본 패턴 연습하기

1 **He may be** smart and funny. 그는 똑똑하고 웃길지도 몰라.

2 **He may be** your future husband. 그가 네 미래 남편일 수도 있어.

3 **He may be** tired after a long day of work. 그는 온종일 일하느라 피곤할지도 몰라.

4 __________ dinner now. 그는 지금 저녁을 먹고 있을지도 몰라.

5 __________ millionaire. 그가 백만장자일 수도 있어.

Step 2 패턴 응용하기 | 주어 + may be + 동사-ing/명사/형용사

1 Nancy **may be** looking for you. 낸시가 널 찾고 있을지도 몰라.

2 Dori **may be** sleeping. 도리는 자고 있을지도 몰라.

3 They **may be** gone already. 그들이 이미 떠났을지도 몰라.

4 __________ than you. 내가 너보다 더 나을 수도 있어.

5 __________ a genius. 그녀는 천재일지도 몰라.

Step 3 실생활에 적용하기

A This laptop is state-of-the-art. It must be very expensive.
B 네 생각보다 쌀지도 몰라.
A Or maybe it's way more expensive than I think.

A 이 노트북은 최첨단인데. 분명히 엄청 비쌀 거야.
B It may be cheaper than you think.
A 어쩌면 내 생각보다 훨씬 더 비쌀 수도 있을 거고.

정답 Step 1 4 He may be having 5 He may be a Step 2 4 I may be better 5 She may be

24-3.mp3

You are no longer ~

이제 당신은 더 이상 ~가 아니에요.

Step 1 기본 패턴 연습하기

1 **You are no longer** my friend. 넌 이제 더 이상 내 친구가 아냐.

2 **You are no longer** allowed to use our service. 귀하는 더 이상 이 서비스를 사용할 수 없습니다.

3 **You are no longer** able to attend this class. 당신은 더 이상 이 수업을 들을 수 없어요.

4 ________________ a child. 넌 이제 더 이상 어린아이가 아냐.

5 ________________ welcome here. 당신이 더 이상 여기에 오는 걸 반기지 않아요.

Step 2 패턴 응용하기 | 주어 + (조동사/be동사) + no longer ~

1 I will **no longer** be working with you. 난 더 이상 너와 일하지 않을 거야.

2 This coupon is **no longer** valid. 이 쿠폰은 더 이상 사용할 수 없습니다.

3 She may **no longer** take care of our children. 그녀가 더 이상 우리 아이들을 돌봐주지 않을지도 몰라요.

4 ________________ pretend to be someone he was not. 그는 더 이상 다른 사람 행세를 할 수 없었어요.

5 ________________________________ about money. 이제 더 이상 돈 걱정은 안 하셔도 돼요.

Step 3 실생활에 적용하기

A 여기서 뭐 하고 있는 건가?

B What do you mean what I'm doing here? I'm working as usual.

A 안타깝지만 자넨 더 이상 여기 직원이 아니라네.

A What are you doing here?

B 뭐 하고 있느냐는 건 무슨 말씀이시죠? 평소처럼 일하고 있는데요.

A I'm sorry but you are no longer an employee here.

정답 Step 1 4 You are no longer 5 You are no longer Step 2 4 He could no longer 5 You no longer have to worry

확인학습 문제를 풀며 오늘 배운 표현을 완벽히 내 것으로 만드세요.

A | 영화 속 대화를 완성해 보세요.

BELLE Papa. Oh, no. He's sick, he ❶ __________. And he's ❷ __________.
아빠. 안돼요. 아빠가 아파요. 돌아가실지도 몰라요. 게다가 혼자 있어요.

BEAST Then...then you ❸ __________ to him.
그렇다면… 그렇다면 당신이 그에게로 가봐야지요.

BELLE What did you say?
뭐라고 하셨어요?

BEAST I ❹ __________ you. You are ❺ __________ my prisoner. 당신을 풀어주겠소. 이제 당신은 더 이상 제 포로가 아니오.

BELLE You mean... ❻ __________?
그러니까…저를 풀어준다고요?

BEAST Yes. 그렇소.

BELLE Oh, thank you. ❼ __________, Papa. I'm ❽ __________.
오, 고마워요. 잠시만요, 아빠. 지금 가고 있어요.

BEAST ❾ __________ you, so you'll always have a way to ❿ __________, and remember me.
가지고 가시오, 그래서 늘 다시 되돌아볼 수 있도록. 그리고 나도 기억할 수 있도록.

정답 A

❶ may be dying
❷ all alone
❸ must go
❹ release
❺ no longer
❻ I'm free
❼ Hold on
❽ on my way
❾ Take it with
❿ look back

B | 다음 빈칸을 채워 문장을 완성해 보세요.

1 그가 네 미래 남편일 수도 있어.
__________ future husband.

2 그녀는 천재일지도 몰라.
__________ a genius.

3 넌 이제 더 이상 어린아이가 아냐.
__________ a child.

4 이 쿠폰은 더 이상 사용할 수 없습니다.
This coupon is __________ valid.

5 이제 더 이상 돈 걱정은 안 하셔도 돼요.
__________ about money.

정답 B

1 He may be your
2 She may be
3 You are no longer
4 no longer
5 You no longer have to worry

Day 25

Loving Him in Return

그의 사랑에 대해 화답하는 사랑

야수가 벨을 사랑하게 되어 모든 것이 원래대로 돌아갈 거라고 한껏 희망에 부풀어[full of hope] 있던 성의 식구들. 야수가 벨을 풀어 주었다는 소식에 실망을 금치 않을 수 없습니다. 벨이 떠나 버리고 성안에 아무도 남지 않게 되었죠. 야수가 진정으로 누군가를 사랑하게 되면 마법이 풀릴 줄 알았는데, 야수의 사랑을 받는 사람 또한 진정으로 야수를 사랑해야[love him in return] 한다는군요. 벨이 돌아오지 않는 이상 아무래도 마법은 영원히 풀릴 것 같지 않네요. 한편, 마을로 돌아간 벨은 드디어 모리스와 감격스러운 재회를 합니다.

Warm Up! 오늘 배울 표현

오늘 등장하는 표현들입니다. 어떤 표현이 들어가야 할지 생각해 보세요.

* Yes, _______ it's true. 네, 안타깝게도 사실이에요.
* But he was so _______. 하지만 거의 다 왔는데.
* _______, he's finally learned to love. 이제서야, 마침내 그가 사랑하는 법을 배웠는데.
* She has to love him _______. 그녀 또한 그를 사랑해야만 해.
* _______ see you again. 널 다시는 못 볼 줄 알았단다.

바로 이 장면!

오디오 파일을 듣고 3번 따라 말해보세요. 25-1.mp3

ALL (ex. COGSWORTH) 모두 (콕스워스만 빼고)	He did what?!?! 그가 뭘 했다고?!?!
COGSWORTH 콕스워스	Yes, **I'm afraid** it's true. ❶ 네, 안타깝게도 사실이에요.
CHIP 칩	She's going away? 그녀가 떠난다고요?
LUMIERE 뤼미에르	But he was so **close**. ❷ 하지만 거의 다 왔는데.
MRS. POTTS 포트 부인	**After all this time**, he's finally learned to love. ❸ 이제서야. 마침내 그가 사랑하는 법을 배웠는데.
LUMIERE 뤼미에르	That's it, then. That should break the spell. 그럼 다 된 거네요. 그걸로 마법은 풀릴 수 있겠어요.
MRS. POTTS 포트 부인	But it's not enough. She has to love him **in return**. ❹ 하지만 그걸로 충분하지 않아. 그녀 또한 그를 사랑해야만 해.
COGSWORTH 콕스워스	And now it's too late. 그럼 이제 너무 늦어버린 거네요.
LEFOU 르푸	Oh, they're back. 오, 그들이 돌아왔어.
MAURICE 모리스	Belle? 벨?
BELLE 벨	It's all right, Papa. I'm home. 괜찮아요, 아빠. 제가 집으로 돌아왔어요.
MAURICE 모리스	**I thought I'd never** see you again. ❺ 널 다시는 못 볼 줄 알았단다.

장면 파헤치기 구문 설명과 예문으로 이 장면의 핵심 표현을 완벽히 이해하세요.

❶ Yes, I'm afraid it's true. 네. 안타깝게도 사실이에요.

I'm afraid가 '난 두려워'라는 의미도 있지만, I'm afraid 뒤에 that절이 붙으면 '안타깝게도/아쉽게도'와 같이 상대방에게 어떤 사실에 대해서 안타까운 마음을 표현할 수 있습니다. that절에서 that은 생략되는 경우가 많습니다.

* **I'm afraid** (that) I can't help you. 안타깝지만 도울 수가 없네요.
* **I'm afraid** (that) you'll have to wait. 아쉽게도 기다리셔야 하겠네요.

❷ But he was so close. 하지만 거의 다 왔는데.

close가 형용사로 쓰일 때 '(시간적, 공간적으로) 가까운'이라는 의미도 있지만 '거의/곧 ~할 것 같은'이라는 의미로 쓰이는 경우도 많답니다. 위의 문장에서와 같이 '거의 원하는 상황까지 왔는데' '거의 다 이루었는데'라는 의미로 아쉬움을 나타낼 때 쓸 수 있어요.

* I was so **close** to signing the contract. 그 계약서에 거의 사인할 뻔했었지.
* We were this **close** to winning the game. 우린 그 게임을 거의 이길 뻔했었는데.

❸ After all this time, he's finally learned to love. 이제서야, 마침내 그가 사랑하는 법을 배웠는데.

After all this time은 문맥에 따라서 '이렇게 오랜 시간이 걸린 후에, 마침내' 정도로 해석이 됩니다. After all these years도 비슷한 의미로 자주 쓰는 표현이에요.

★ 영화 속 패턴 익히기

❹ She has to love him in return. 그녀 또한 그를 사랑해야만 해.

in return은 '(~에 대한) 보답으로/답례로/반응으로'라는 의미로 쓰는 표현이에요. 상대방이 나에게 어떤 행동을 했을 때 나도 또한 그와 같은 방식 혹은 방식으로 그에 대한 답을 한다는 것을 표현할 때 쓰이지요.

* He offered us food **in return** for our work. 그는 우리 작업에 대한 보답으로 음식을 대접했어.
* What will you give me **in return**? 너는 내게 무엇으로 보답할 거니?

❺ I thought I'd never see you again. 널 다시는 못 볼 줄 알았단다.

〈I thought I'd never + 동사〉는 '다시는/절대 내가 ~을 못 할 줄 알았다' 혹은 '다시는 ~을 안/못 할 것으로 생각했다'는 의미예요.

★ 영화 속 패턴 익히기

영화 속 패턴 익히기

오늘 배운 장면에서 뽑은 핵심 패턴으로 다양한 표현을 만들어 보세요.

25-2.mp3

After all this time, he has finally + 과거분사

이제서야, 마침내 그가 ~하게 되었다.

Step 1 기본 패턴 연습하기

1 **After all this time, he has finally** found someone to love. 이제서야, 마침내 그가 사랑할 사람을 찾았구나.

2 **After all this time, he has finally** come to terms with his older brother.
이제서야, 마침내 그가 형과 화해를 했구나.

3 **After all this time, he has finally** decided to tell her the truth.
이제서야, 마침내 그가 그녀에게 진실을 말하기로 했구나.

4 ______________________________ returned to being himself.
이제서야, 마침내 그가 원래 자신의 모습으로 돌아왔구나.

5 ______________________________ his guilt. 이제서야, 마침내 그가 자신의 죄를 인정했구나.

Step 2 패턴 응용하기 | After all this time, 주어 + have/has finally + 과거분사

1 **After all this time, I have finally** finished writing this book. 이제서야, 드디어 이 책 집필을 끝냈어.

2 **After all this time, I have finally** learned to let it go. 이제서야, 마침내 미련을 버리는 방법을 알게 되었어.

3 **After all this time, they have finally** figured out how to do it.
이제서야, 그들은 그것을 하는 방법을 알게 되었다.

4 ______________________________ called it quits. 이제서야, 마침내 그녀는 그 일을 그만두었어.

5 ______________________________ the cure for flu.
이제서야, 마침내 우린 독감에 대한 치료법을 발견하게 되었다.

Step 3 실생활에 적용하기

A 이제서야 마침내 그가 좋은 남자가 아니란 걸 깨달았어.

B Thank God you have finally realized it.

A 이제 왜 친구들이 말할 때 귀담아들어야 하는 건지 알았어.

A After all this time, I have finally realized that he was not a good guy.

B 이제라도 깨닫게 되었다니 정말 다행이다.

A Now I know why I have to listen to my friends.

정답 Step 1 4 After all this time, he has finally 5 After all this time, he has finally admitted Step 2 4 After all this time, she has finally 5 After all this time, we have finally discovered

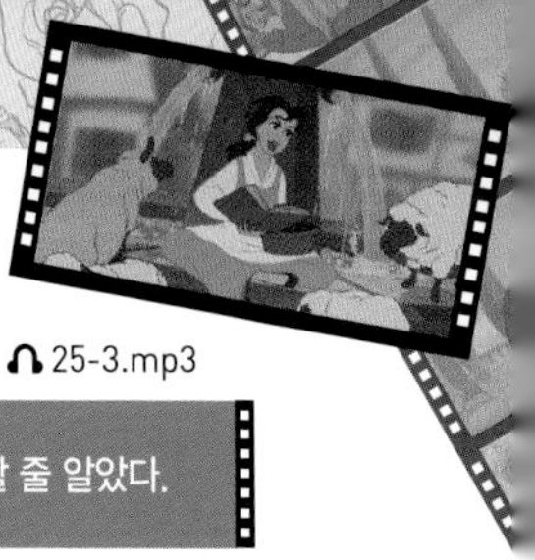

25-3.mp3

I thought I would never + 동사 다시는/절대 내가 ~을 못 할 줄 알았다.

Step 1 기본 패턴 연습하기

1 **I thought I would never** find love again. 난 다시는 내가 사랑을 못 할 줄 알았어.

2 **I thought I would never** get married. 난 내가 절대 결혼 못 할 줄 알았어.

3 **I thought I would never** find this book. 난 절대 내가 이 책을 못 찾을 줄 알았어.

4 ______________________ able to walk again. 난 다시는 걸을 수 없을 줄 알았어.

5 ______________________ him again. 난 다시는 그를 못 볼 줄 알았어.

Step 2 패턴 응용하기 | 주어 + thought + 주어 + would never + 동사

1 **They thought they would never** return home alive. 그들은 다시는 살아 돌아오지 못 할 거로 생각했지.

2 **He thought he would never** have to work again. 그는 다시는 일을 안 해도 될 줄 알았다.

3 **She thought she would never** leave him. 그녀는 그녀가 절대 그를 떠나지 않을 줄 알았다는군.

4 ______________________ afford a house in Seoul.
우리가 서울에 있는 집을 살 수 있을 거라곤 절대 꿈도 못 꿨어.

5 All the boys ______________________ change. 그 모든 소년은 절대 자신들이 변하지 않을 줄 알았다.

Step 3 실생활에 적용하기

A I heard you have finally landed a job.
B 응, 그랬지. 절대 취업 못 할 줄 알았는데.
A I know. It's almost impossible to get a job nowadays.

A 너 드디어 취업했다며?
B Yes, I have. I thought I would never be able to get a job.
A 그러게나 말이야. 요즘에 취업하는 건 거의 불가능에 가까우니까.

정답 Step 1 4 I thought I would never be 5 I thought I would never see Step 2 4 We thought we would never be able to 5 thought they would never

확인학습 문제를 풀며 오늘 배운 표현을 완벽히 내 것으로 만드세요.

A | 영화 속 대화를 완성해 보세요.

ALL (ex. COGSWORTH)	He did what?!?! 그가 뭘 했다고?!?!
COGSWORTH	Yes, ❶ __________ it's true. 네, 안타깝게도 사실이에요.
CHIP	She's ❷ __________? 그녀가 떠난다고요?
LUMIERE	But he was ❸ __________. 하지만 거의 다 왔는데.
MRS. POTTS	❹ __________ learned to love. 이제서야, 마침내 그가 사랑하는 법을 배웠는데.
LUMIERE	❺ __________, then. That should ❻ __________. 그럼 다 된 거네요. 그걸로 마법은 풀릴 수 있겠어요.
MRS. POTTS	But it's not enough. She has to love him ❼ __________. 하지만 그걸로 충분하지 않아. 그녀 또한 그를 사랑해야만 해.
COGSWORTH	And now ❽ __________. 그럼 이제 너무 늦어버린 거네요.
LEFOU	Oh, they're ❾ __________. 오, 그들이 돌아왔어.
MAURICE	Belle? 벨?
BELLE	It's all right, Papa. ❿ __________. 괜찮아요, 아빠. 제가 집으로 돌아왔어요.
MAURICE	I thought I'd never see you again. 널 다시는 못 볼 줄 알았단다.

B | 다음 빈칸을 채워 문장을 완성해 보세요.

1 이제서야 마침내 그가 원래 자신의 모습으로 돌아왔구나.
__________ returned to being himself.

2 이제서야 드디어 이 책 집필을 끝냈어.
__________ writing this book.

3 이제서야 마침내 미련을 버리는 방법을 알게 되었어.
__________ learned to let it go.

4 난 다시는 걸을 수 없을 줄 알았어.
__________ able to walk again.

5 그들은 다시는 살아 돌아오지 못 할 거라 생각했지.
__________ return home alive.

정답 A

❶ I'm afraid
❷ going away
❸ so close.
❹ After all this time, he's finally
❺ That's it
❻ break the spell
❼ in return
❽ it's too late
❾ back
❿ I'm home

정답 B

1 After all this time, he has finally
2 After all this time, I have finally finished
3 After all this time, I have finally
4 I thought I would never be
5 They thought they would never

Day 26

One Little Word

짧은 한마디 말

가스통이 그의 계략을 실행에 옮기고[carry out] 있어요. 불쌍한 벨의 아버지 모리스를 볼모로[hostage] 잡고 벨을 아내로 맞으려고 하네요. 자신이 원하는 것을 손에 넣고야 말겠다는 소유욕[possessiveness]에 사로잡혀있는 것 같아요. 하지만 벨은 그렇게 호락호락한 여자가 아니죠! 아버지를 구할 유일한 방법은 아버지가 한 말이 모두 사실이라는 것을 증명하는 것뿐이에요. 그래서 가스통 일당과 마을 사람들에게 야수의 존재를 알리죠. 그리하여 마을 사람들은 야수를 때려잡겠다고 나서기에 이릅니다. 이제, 야수의 운명은 어떻게 될까요?

Warm Up! 오늘 배울 표현

오늘 등장하는 표현들입니다. 어떤 표현이 들어가야 할지 생각해 보세요.

* ______ me! 날 봐라!
* ______ about your father. 아버지 일은 참 안됐소.
* ______ clear up this little misunderstanding, if...
  어쩌면 내가 오해를 풀어줄 수 있을지도 모르겠는데, 만약에…
* ______. 그거면 다 돼요.
* ______. 그럼 당신 맘대로 하던지.

바로 이 장면!

오디오 파일을 듣고 3번 따라 말해보세요. 26-1.mp3

LEFOU 르푸	Take him away! 그를 데리고 가요!
MAURICE 모리스	**Let go of** me! ❶ 날 놔라!
BELLE 벨	No, you can't do this! 안돼, 이럴 수는 없어요!
GASTON 가스통	Tsk, tsk, tsk. Poor Belle. **It's a shame** about your father. ❷ 쯧, 쯧, 쯧. 불쌍한 벨. 아버지 일은 참 안됐소.
BELLE 벨	You know he's not crazy, Gaston. 당신은 아빠가 미치지 않았다는 거 알잖아요, 가스통.
GASTON 가스통	**I might be able to** clear up this little misunderstanding, if... ❸ 어쩌면 내가 오해를 풀어줄 수 있을지도 모르겠는데, 만약에…
BELLE 벨	If what? 만약에 뭐요?
GASTON 가스통	If you marry me. 만약에 당신이 나와 결혼한다면 말이오.
BELLE 벨	What? 뭐라고요?
GASTON 가스통	One little word, Belle. **That's all it takes.** ❹ 짧게 한마디만 하면 돼요, 벨. 그거면 다 돼요.
BELLE 벨	Never! 절대 안 돼요!
GASTON 가스통	**Have it your way.** ❺ 그럼 당신 맘대로 하던지.

장면 파헤치기

구문 설명과 예문으로 이 장면의 핵심 표현을 완벽히 이해하세요.

❶ Let go of me! 날 놔라!

let go of someone/something은 '(손에 쥔 것을) 놓다' 또는 '~을 놓아주다/풀어주다'라는 의미인데, 주로 명령형으로 많이 쓰여서 '(잡은 손을) 놔라!'라는 표현으로 쓰이죠.

* **Let go of** my arm! 내 팔 (잡은 손) 놔라!
* I will never **let go of** your hand. 당신 손을 절대 놔주지 않을 거예요.

❷ It's a shame about your father. 아버지 일은 참 안됐소.

shame이라고 하면 '수치심/창피함'으로만 생각하는 경우가 많은데 이 단어는 애석하고 딱한 일에 대한 안타까운 마음을 표할 때도 자주 쓰인답니다. 이렇게 쓰이는 경우에는 주로 It's a shame으로 문장을 시작합니다.

★ 영화 속 패턴 익히기

❸ I might be able to clear up this little misunderstanding, if...

어쩌면 내가 오해를 풀어줄 수 있을지도 모르겠는데, 만약에…

〈I might be able to + 동사〉는 '아마 내가 ~할 수 있을지도 모른다'라는 의미인데 다른 사람에게 도움을 줄 경우에 쓰이는 표현입니다. 이 장면에서도 벨이 곤경에 처했을 때 가스통이 '내가 도움을 줄 수도 있을 것 같은데'라는 뉘앙스로 이 표현을 썼네요.

★ 영화 속 패턴 익히기

❹ That's all it takes. 그거면 다 돼요.

take는 어떤 일을 하기 위해 쏟는 '노력/시간/돈' 등에 관해 표현할 때 쓰는 동사예요. 이 문장은 '그것만 하면 다 된다'인데 조금 더 매끄럽게 해석하면 '그거면 다 된다'라는 의미가 되죠.

* You just need to do what I tell you. **That's all it takes.** 내가 하라는 대로 하기만 하면 돼. 그렇게만 하면 다 된다.
* Always be positive. **That's all it takes** to be happy. 항상 긍정적으로 살아요. 그렇게만 하면 행복해질 수 있어요.

❺ Have it your way. 그럼 당신 맘대로 하던지.

상대방이 나의 제안을 거절하거나 내 말을 귀담아듣지 않을 때 '그럼 네 멋대로/맘대로 해라!'라고 하죠? 그때 쓰는 표현이 바로 Have it your way!예요. 중간에 own을 넣어서 Have it your own way!라고 쓰기도 해요.

* Okay, fine. **Have it your way!** 오케이, 알았다. 네 맘대로 해라!
* You just don't know what you are missing. **Have it your way!**
  네가 얼마나 좋은 기회를 놓친 건지 모르는구나. 그래, 네 맘대로 하렴!

영화 속 패턴 익히기

오늘 배운 장면에서 뽑은 핵심 패턴으로 다양한 표현을 만들어 보세요.

26-2.mp3

It's a shame about + 명사구 ~에 대한 일은 참 안됐이다/안타깝다/마음이 안 좋다.

Step 1 기본 패턴 연습하기

1 **It's a shame about** your grandmother. 너희 할머니 일은 정말 안됐구나.

2 **It's a shame about** her losing her job and all. 그녀가 실직도 하고 그런 건 정말 안타깝네.

3 **It's a shame about** their divorce. 그들이 이혼했다는 소식은 정말 안타깝구나.

4 ______________ our bookstore not having that book.
저희 서점에 그 책이 없어서 정말 안타깝네요.

5 ______________ your bad experience with one of our clerks.
우리 직원과의 불쾌한 일에 대해선 정말 죄송해요.

Step 2 패턴 응용하기 | It's a shame + (that) + 주어 + 동사

1 **It's a shame** you couldn't come. 네가 못 와서 정말 안타까워.

2 **It's a shame** she did not get the job. 그녀가 취업을 못 한 건 정말 안됐네.

3 **It's a shame** that he had to leave without saying good-bye.
그가 제대로 작별 인사도 못 하고 가게 돼서 안타깝네.

4 ______________ able to finish the research on time.
그 연구를 기한 내에 끝내지 못해서 죄송해요.

5 ______________ didn't meet earlier. 우리가 진작에 못 만났다는 게 참 아쉽네요.

Step 3 실생활에 적용하기

A 또 늦게 돼서 정말 미안하네.
B It's okay. We expected that you would be late again.
A 아, 그렇게 비꼬지는 말아줘. 나 다시는 절대 안 늦을 거야!

A It's a shame I'm late again.
B 괜찮아. 네가 또 늦을 거라고 예상했었으니까.
A Ah, don't be so sarcastic. I'm never going to be late again!

정답 Step 1 4 It's a shame about 5 It's a shame about Step 2 4 It's a shame I wasn't 5 It's a shame we

26-3.mp3

I might be able to + 동사

(특히 상대방에게 도움을 주는 경우) 아마 내가 ~할 수 있을지도 모른다

Step 1 기본 패턴 연습하기

1 **I might be able to** help you with your project. 네 프로젝트 하는 거 내가 도울 수 있을 것 같아.

2 **I might be able to** lend you some money. 내가 돈을 좀 꿔줄 수 있을 것 같아.

3 **I might be able to** pull some strings for you. 내가 너를 위해 좀 알아볼게.

4 ________________ come and pick you up. 내가 이따가 데리러 올 수 있을지도 몰라.

5 ________________________ a lift home later. 나중에 너희 집에 바래다줄 수도 있을 것 같아.

Step 2 패턴 응용하기 | 주어 + might be able to ~

1 We **might be able to** answer your questions. 네 질문에 대답을 해 줄 수도 있을 것 같네.

2 They **might be able to** offer you a better deal. 그들이 아마 너에게 더 좋은 조건을 제시할 수도 있을지도 몰라.

3 She **might be able to** give you some advice. 그녀가 네게 조언을 해 줄 수 있을지도 몰라.

4 ____________________________ about it. 우리가 그것에 대해 뭔가 할 수 있을지도 몰라.

5 ________________ sort out any difficulties you might have with the law.
법과 관련해서 네가 힘들어 할 수도 있는 부분들을 그가 해결해 줄 수 있을지도 몰라.

Step 3 실생활에 적용하기

A I have no idea what classes are suitable for a beginner like me.

B 제가 도와드릴 수도 있을 것 같아요. I'm one of the teachers here at this academy.

A Thank you so much.

A 저 같은 초보 학생은 어떤 수업을 들어야 하는 건지 정말 모르겠네요.

B I might be able to help you with that. 제가 이 학원 강사랍니다.

A 정말 감사해요.

정답 Step 1 4 I might be able to 5 I might be able to give you Step 2 4 We might be able to do something 5 He might be able to

확인학습 문제를 풀며 오늘 배운 표현을 완벽히 내 것으로 만드세요.

A | 영화 속 대화를 완성해 보세요.

LEFOU ❶ ________________! 그를 데리고 가요!

MAURICE ❷ ________________ me! 날 놔라!

BELLE No, you can't do this! 안돼, 이럴 수는 없어요!

GASTON Tsk, tsk, tsk. Poor Belle. ❸ ________________ your father. 쯧, 쯧, 쯧. 불쌍한 벨. 아버지 일은 참 안됐소.

BELLE You know he's not crazy, Gaston. 당신은 아빠가 미치지 않았다는 거 알잖아요, 가스통.

GASTON ❹ ________________ clear up this little misunderstanding, if... 어쩌면 내가 오해를 풀어줄 수 있을지도 모르겠는데, 만약에…

BELLE ❺ ________________? 만약에 뭐요?

GASTON If you marry me. 만약에 당신이 나와 결혼한다면 말이오.

BELLE What? 뭐라고요?

GASTON One little word, Belle. ❻ ________________. 짧게 한마디만 하면 돼요, 벨. 그거면 다 돼요.

BELLE Never! 절대 안 돼요!

GASTON ❼ ________________. 그럼 당신 맘대로 하던지.

B | 다음 빈칸을 채워 문장을 완성해 보세요.

1 그들이 이혼했다는 소식은 정말 안타깝구나.
________________ their divorce.

2 네가 못 와서 정말 안타까워.
________________ come.

3 나중에 너희 집에 바래다줄 수도 있을 것 같아.
________________ a lift home later.

4 아마 너에게 더 좋은 조건을 제시할 수도 있을지도 몰라.
________________ offer you a better deal.

5 그녀가 네게 조언을 해 줄 수 있을지도 몰라.
________________ you some advice.

정답 A

❶ Take him away
❷ Let go of
❸ It's a shame about
❹ I might be able to
❺ If what
❻ That's all it takes
❼ Have it your way

정답 B

1 It's a shame about
2 It's a shame you couldn't
3 I might be able to give you
4 They might be able to
5 She might be able to give

Day 27

Gaston leading the Mob

폭도들을 이끄는 가스통

가스통은 야수를 잡으러 가자고 마을 사람들을 선동[instigate]합니다. 군중 심리[mob psychology]에 휩쓸린 마을 사람들은, 야수가 어떤 존재인지도 모르면서 야수를 물리치겠다는 일념으로 가스통을 따릅니다. 횃불을 들고 '사기를 드높이라!'라는 구호를 외치며 다 함께 성으로 우르르 몰려가는군요. 벨은 야수가 위험에 처하게 되자 어떻게든 이 곤경[predicament]을 막아보려 합니다. 하지만 상황은 걷잡을 수 없이 커져 버렸어요. 야수가 아무리 덩치도 크고 힘이 세다지만 이 많은 사람과의 싸움을 감당할 수[handle] 있을지 걱정되네요.

Warm Up! 오늘 배울 표현

오늘 등장하는 표현들입니다. 어떤 표현이 들어가야 할지 생각해 보세요.

* If you're not with us, ______. 우리와 뜻을 같이하지 않는다면, 우리에게 대항하는 것으로 알겠소.
* ______ me! 이 손 저리 치워!
* We can't ______ running off to warn the creature!
  이 인간들이 도망가서 괴물에게 알리게 할 수는 없잖아!
* ______ the sticking place! 사기를 드높이라!
* We're ______ Gaston to lead the way! 가스통 님이 우리의 길을 이끌어 줄 것을 믿어요!

바로 이 장면!

오디오 파일을 듣고 3번 따라 말해보세요. 27-1.mp3

BELLE 벨
No, I won't let you do this.
안 돼, 당신이 이렇게 하도록 내버려 둘 수 없어.

GASTON 가스통
If you're not with us, you're against us. ❶ Bring the old man.
우리와 뜻을 같이하지 않는다면, 우리에게 대항하는 것으로 알겠소. 늙은이를 데려와.

MAURICE 모리스
Get your hands off me! ❷
이 손 저리 치워!

GASTON 가스통
We can't **have them** running off to warn the creature! ❸
이 인간들이 도망가서 괴물에게 알리게 할 수는 없잖아!

BELLE 벨
Let us out!
우리를 내보내 줘요!

GASTON 가스통
We'll rid the village of this beast. Who's with me?
이 야수 놈의 동네를 없애버릴 것이다. 나랑 동참할 자 누군가?

MOB 군중
Light your torch, mount your horse!
횃불에 불을 붙이고 말에 올라타!

GASTON 가스통
Screw your courage to the sticking place! ❹
사기를 드높이라

MOB 군중
We're **counting on** Gaston to lead the way! ❺
Through a mist, to a wood,
Where within a haunted castle,
Something's lurking that you don't see every day!
가스통 님이 우리의 길을 이끌어 줄 것을 믿어요!
안개를 뚫고 숲으로,
유령이 있는 성안에,
흔치 않은 요상한 것이 숨어 도사리고 있는 곳으로!

장면 파헤치기

구문 설명과 예문으로 이 장면의 핵심 표현을 완벽히 이해하세요.

❶ If you're not with us, you're against us. 우리와 뜻을 같이하지 않는다면, 우리에게 대항하는 것으로 알겠소.

이 영화에서 나왔던 다른 몇 가지 이 표현처럼 이 표현도 있는 그대로 익혀 보세요. 적과 대적해서 싸울 경우, 우리와 함께하지 않으면 너를 우리의 적으로 간주하겠다는 의미지요.

* **If you're not with us, you're against us.** Now, make up your mind!
  우리와 동참하지 않는다면 널 적으로 생각하겠다. 자, 이제 결정해!
* All I can say is this. **If you're not with us, you're against us.**
  내가 해 줄 말은 이것밖에 없다. 함께 하지 않으면 넌 우리의 적이야!

❷ Get your hands off me! 이 손 저리 치워!

Get off는 '저리 가, 손 떼'라는 의미였죠? 중간에 your hands를 넣으면 '이 손 저리 치워'라는 의미가 돼요. off와 me 사이에 of를 넣어서 Get your hands off of me! 이렇게도 씁니다.

* **Get your dirty hands off** me! 더러운 손 저리 치워!
* **Get your hands off** me or I'll have you fired! 내 몸에서 손 떼지 않으면 널 해고할 거야!

❸ We can't have them running off to warn the creature!
이 인간들이 도망가서 괴물에게 알리게 할 수는 없잖아!

〈have someone + 행위 동사 + something〉 혹은 〈get someone + 행위 동사 + something〉은 '~에게 ~을 하게 하다'라는 의미로 쓰이는 표현이에요. 위의 문장에서는 동사가 진행형으로 쓰여서 '~하고 다니게 하다'라는 의미로 쓰였지만 대체로 동사원형으로 쓰여요.

★ 영화 속 패턴 익히기

❹ Screw your courage to the sticking place. 사기를 드높이라.

이 표현은 '용기를 가져라/스스로 용기를 북돋아라/담대하라'라는 의미예요. '사기를 드높이라'라고 의역했고요. 원래 이 표현은 셰익스피어의 맥베스(Macbeth)에 나온 표현이랍니다.

* **Screw your courage to the sticking place,** and we'll not fail.
  담대하게 용기를 가져라, 그러면 실패하지 않을 것이다.
* I'm going to **screw my courage to the sticking place** and show them who I really am.
  난 용기를 내어 나의 결연한 의지를 보여줘서 내가 누군지 증명해 보일 거야.

❺ We're counting on Gaston to lead the way! 가스통 님이 우리의 길을 이끌어 줄 것을 믿어요!

count on someone/something은 '~을 믿다, 확신하다, (바라는 것을 해줄 것으로) 믿고 의지하다'라는 의미예요. 예를 들어, (네가 우리를 도우리라/잘 해내리라) 우린 믿고 있어'라고 할 때 We are counting on you. 이렇게 쓰지요.

★ 영화 속 패턴 익히기

영화 속 패턴 익히기

오늘 배운 장면에서 뽑은 핵심 패턴으로 다양한 표현을 만들어 보세요.

27-2.mp3

We can't have someone + 동사(ing) ~에게 ~하게 할 수는 없어.

Step 1 기본 패턴 연습하기

1 **We can't have** you leave us. 우린 네가 우리를 떠나게 할 수는 없어.

2 **We can't have** her work on Saturdays. 우린 그녀가 토요일에 일하게 할 수는 없어.

3 **We can't have** you guys tell anyone about this.
너희들이 이 사실에 대해서 그 누구에게라도 이야기하게 할 수는 없어.

4 ______________ play only the first half and expect to win the game.
우린 그를 전반전만 뛰게 하고 이 경기에서 이기길 기대할 수는 없어.

5 ______________ him talking to our son. 그가 우리 아들과 대화하게 할 수는 없어.

Step 2 패턴 응용하기 | 주어 + 조동사 + have/has someone + 동사(ing)

1 I will **have him** contact you. 그가 당신과 연락하도록 할게요.

2 She **has me** falling for her more and more every day. 그녀는 내가 그녀에게 매일 점점 더 빠져들게 해.

3 We won't **have him** fighting with our children. 우린 그가 우리 아이들과 싸우게 할 수는 없다.

4 ______________ anyone else die. 우린 이제 더 이상 그 누구도 죽게 할 수는 없다.

5 ______________ go on a strict diet plan. 그가 너에게 엄격한 다이어트를 시킬지도 몰라.

Step 3 실생활에 적용하기

A Can I have your manager's phone number?

B 죄송하지만 번호를 드릴 수는 없네요. 하지만 이따가 말씀드려서 고객님께 전화 드리라고 할게요.

A Fair enough. Have him call me before 6 pm though.

A 여기 지점장 전화번호 받을 수 있을까요?

B I'm afraid I can't give you his number. But I'll have him call you later.

A 알겠어요. 근데 저녁 6시 전까지는 해 달라고 하세요.

정답 Step 1 4 We can't have him 5 We can't have Step 2 4 We won't have 5 He may have you

27-3.mp3

We are counting on ~ 우린 ~을 믿는다, ~가 (바라는 것을) 해줄 것으로 확신한다.

Step 1 기본 패턴 연습하기

1 **We are counting on** your cooperation. 당신이 협조해 줄 것이라 믿어요.

2 **We are counting on** her to be there as she promised. 그녀가 약속한 것처럼 와 주리라 믿어.

3 **We are counting on** his full support for us. 그가 우리를 전격적으로 지지해 주리라 믿어.

4 ______________________ their leadership for children.
우리 아이들을 위해 그들이 리더십을 발휘해 주리라 믿고 있어.

5 ______________________ presence at the party. 그들이 파티에 와 주리라 믿는다.

Step 2 패턴 응용하기 | 주어 + be동사 + counting on ~

1 **I'm counting on** all of you to support me in this difficult time.
이 어려운 시기에 너희들 모두 나를 지원해 주리라 믿고 있어.

2 **He's counting on** you to pick him up at the airport. 그는 네가 공항에 데리러 올 것이라고 믿고 있어.

3 **She's counting on** me to save her. 그녀는 내가 그녀를 구해줄 것이라 기대하고 있어.

4 ______________________ to take their side. 그들은 우리가 그들 편을 들어 주리라 믿어 의심치 않는다.

5 ______________________ to be courageous. 우리는 모두 네가 용기를 내줄 것이라 믿고 있어.

Step 3 실생활에 적용하기

A 오늘 밤에 그레이스가 꼭 와 주리라 믿어.

B I don't mean to disappoint you but I just talked to her on the phone and she told me she can't make it tonight.

A 아 힘 빠져!

A I'm counting on Grace to be here tonight.

B 널 실망시키고 싶진 않지만 지금 방금 못 올 거라고 그녀에게서 연락이 왔어.

A What a bummer!

정답 Step 1 4 We are counting on 5 We are counting on their Step 2 4 They are counting on us 5 All of us are counting on you

확인학습

문제를 풀며 오늘 배운 표현을 완벽히 내 것으로 만드세요.

A | 영화 속 대화를 완성해 보세요.

BELLE No, I won't ❶ ______________ this.
안 돼, 당신이 이렇게 하도록 내버려 둘 수 없어.

GASTON If you're not with us, you're ❷ ______________ us. Bring the old man. 우리와 뜻을 같이하지 않는다면, 우리에게 대항하는 것으로 알겠소. 늙은이를 데려와.

MAURICE ❸ ______________! 이 손 저리 치워!

GASTON ❹ ______________ running off to warn the creature! 이 인간들이 도망가서 괴물에게 알리게 할 수는 없잖아!

BELLE ❺ ______________! 우리를 내보내 줘요!

GASTON We'll rid the village of this beast. Who's with me?
이 야수 놈의 동네를 없애버릴 것이다. 나랑 동참할 자 누군가?

MOB Light your torch, mount your horse!
횃불에 불을 붙이고 말에 올라타!

GASTON ❻ ______________!
사기를 드높이라!

MOB ❼ ______________ Gaston to lead the way!
Through a mist, to a wood,
Where within a ❽ ______________,
Something's lurking that you don't see every day!
가스통 님이 우리의 길을 이끌어 줄 것을 믿어요!
안개를 뚫고 숲으로,
유령이 있는 성안에,
흔치 않은 요상한 것이 숨어 도사리고 있는 곳으로!

B | 다음 빈칸을 채워 문장을 완성해 보세요.

1 우린 그녀가 토요일에 일하게 할 수는 없어.
______________ work on Saturdays.

2 그가 당신과 연락하도록 할게요.
______________ contact you.

3 그가 우리를 전격적으로 지지해 주리라 믿어.
______________ his full support for us.

4 그녀는 내가 그녀를 구해줄 것이라 기대하고 있어.
______________ to save her.

5 그들은 우리가 그들 편을 들어 주리라 믿어 의심치 않는다.
______________ to take their side.

정답 A

❶ let you do
❷ against
❸ Get your hands off me
❹ We can't have them
❺ Let us out
❻ Screw your courage to the sticking place
❼ We're counting on
❽ haunted castle

정답 B

1 We can't have her
2 I will have him
3 We are counting on
4 She's counting on me
5 They are counting on us

Day 28

Encroachers

침략자들

드디어 기세등등한 가스통과 마을의 장정들이 성에 도착했습니다. 마을 사람들이 성안으로 들어오려는[intrude] 사실을 알게 된 성의 식구들은 어찌할 바를 모릅니다. 야수는 벨이 떠나고 실의에 빠져[broken-hearted] 침입자들에게는 관심도 없는 것 같네요. 성의 식구들은 금세 싸울[combat] 태세를 갖춥니다. 우스꽝스러운 모습을 하고 있다고 해서 싸움을 못 할 것 같다는 걱정은 내려놓아도 될 것 같아요. 이들이 힘을 합치면 얼마나 큰 힘을 발휘할 수 있는지 두고 보세요. 그런데 이 일촉즉발의 순간, 벨과 모리스는 어디서 무엇을 하고 있을까요?

Warm Up! 오늘 배울 표현

오늘 등장하는 표현들입니다. 어떤 표현이 들어가야 할지 생각해 보세요.

* I knew it, I knew it was foolish to ________.
  내 이럴 줄 알았지, 기대하는 게 바보짓이라는 걸 알았다고.
* Maybe ________ she had never come at all.
  그녀가 애초부터 여기에 오지 않았더라면 오히려 더 좋았을지도 모르겠어.
* ________! 침입자!
* ________, we'll be ready for them. 그들이 원하는 게 전쟁이라면 우리도 마다치 않겠다.
* ________? 나를 따를 자 누군가?

바로 이 장면!

오디오 파일을 듣고 3번 따라 말해보세요. 28-1.mp3

COGSWORTH 콕스워스
I knew it, I knew it was foolish to **get** our **hopes up**. ❶
내 이럴 줄 알았지, 기대하는 게 바보짓이라는 걸 알았다고.

LUMIERE 뤼미에르
Maybe **it would have been better if** she had never come at all. ❷
그녀가 애초부터 여기에 오지 않았더라면 오히려 더 좋았을지도 모르겠어.

LUMIERE 뤼미에르
Could it be?
설마?

MRS. POTTS 포트 부인
Is it she?
그녀인가요?

LUMIERE 뤼미에르
Sacre bleu, invaders!
제기랄, 침입자이야!

COGSWORTH 콕스워스
Encroachers! ❸
침입자!

MRS. POTTS 포트 부인
And they have the mirror!
게다가 그들은 마법의 거울을 가지고 있어!

COGSWORTH 콕스워스
Warn the master. **If it's a fight they want**, we'll be ready for them. ❹ **Who's with me?** ❺ Aahh!
주인님께 알려라. 그들이 원하는 게 전쟁이라면, 우리도 마다치 않겠다. 나를 따를 자 누군가? 아!!

장면 파헤치기

구문 설명과 예문으로 이 장면의 핵심 표현을 완벽히 이해하세요.

❶ I knew it, I knew it was foolish to get our hopes up. 내 이럴 줄 알았지, 기대하는 게 바보짓이라는 걸 알았다고.

get one's hopes up은 '~에 대해 크게 기대하다/기대를 걸다'라는 의미로 쓰이는 숙어예요. 보통 너무 기대하면 실망할 테니 크게 기대하지 않는 게 좋을 거라는 뉘앙스의 표현으로 자주 쓰여요.

* Don't **get** your **hopes up** too high! 너무 많은 기대를 걸지 말아라!
* It's probably not a good idea to **get** your **hopes up** for this game. 이 시합에 너무 기대를 거는 건 별로 좋은 생각이 아닌 것 같아.

❷ Maybe it would have been better if she had never come at all.
그녀가 애초부터 여기에 오지 않았더라면 오히려 더 좋았을지도 모르겠어.

It would have been better if ~는 '~했더라면 더 좋았을 텐데'라는 의미로 쓰는 패턴이에요. 후회되거나 유감스러운 상황에 대해서 표현할 때 써 주세요.

★ 영화 속 패턴 익히기

❸ Encroachers! 침입자!

남의 영토나 건물 등을 '침입/침범/침략하다'라는 의미로 intrude, invade 등을 쓰는데, encroach 역시 같은 의미로 쓸 수 있습니다. 참고로, encroach는 '잠식하다'라는 의미도 있어요. 이 세 단어 모두 접미사 -er를 붙이면 침략자/침입자라는 의미가 됩니다.

* They are **encroachers** on our lands. 그들은 우리에 토지를 침략하는 자들이야.
* The government will evict all the **encroachers**. 정부가 모든 침략자를 쫓아낼 거야.

❹ If it's a fight they want, we'll be ready for them. 그들이 원하는 게 전쟁이라면 우리도 마다치 않겠다.

〈If it's + 명사 + (that) + 주어 + want〉 형식을 써서 '~가 원하는 게 ~이라면'의 뜻으로 문장을 만들 수 있어요. 비아냥거리거나 도전적인 말투로 혹은 호방하게 '원하는 게 ~라면 내 기꺼이 ~해 주지'라고 할 때 쓸 수 있는 표현이에요.

★ 영화 속 패턴 익히기

❺ Who's with me? 나를 따를 자 누군가?

사람들을 모아서 전투에 나서거나 봉기를 일으킬 때 대장이 되고 싶은 사람이 외치는 말이에요. 평상시에도 '나와 같은 생각인 사람, 나하고 같이할 사람?' 정도의 의미로 쓰기도 해요.

* I love these new games. **Who's with me?** 이번에 새로 출시된 게임들 너무 좋아. 나랑 같은 생각인 사람?
* I'm starting a class action lawsuit. **Who's with me?** 집단 소송을 해보려고 해. 나와 같이 할 사람?

영화 속 패턴 익히기

오늘 배운 장면에서 뽑은 핵심 패턴으로 다양한 표현을 만들어 보세요.

28-2.mp3

It would have been better if she had never ~

~가 아예 ~하지 않았더라면 더 좋았을 텐데

Step 1 기본 패턴 연습하기

1 **It would have been better if she had never** come back. 그녀가 아예 돌아오지 않았더라면 더 좋았을 텐데.

2 **It would have been better if she had never** been in a relationship with Ben.
그녀가 벤과 아예 사귀지 않았더라면 더 좋았을 텐데.

3 **It would have been better if she had never** worked for that company.
그녀가 아예 그 회사에서 일하지 않았더라면 더 좋았을 텐데.

4 ______________________________ her doctoral program.
그녀가 아예 박사학위 공부를 시작하지 않았더라면 더 좋았을 텐데.

5 ______________________________ gotten accepted to that college.
그녀가 아예 그 대학에 합격하지 않았더라면 더 좋았을 텐데.

Step 2 패턴 응용하기 | It would have been better if + 주어 + had not/never

1 **It would have been better if he hadn't** been born at all. 그는 아예 태어나지 않았다면 더 좋았을 텐데.

2 **It would have been better if you had never** asked her out.
네가 아예 그녀에게 데이트 신청을 안 했더라면 더 좋았을 텐데.

3 **It would have been better if he hadn't** seen Jim. 그가 짐을 보지 않았더라면 더 좋았을 텐데.

4 ______________________________ known each other.
그들이 아예 서로 몰랐었더라면 더 좋았을 텐데.

5 ______________________________ to a marriage.
릴리가 결혼을 하기로 동의하지 않았더라면 더 좋았을 텐데.

Step 3 실생활에 적용하기

A I just can't get over Stacey.
B 아예 그녀를 만나지 않았다면 더 좋았을 텐데.
A No, I still think Stacey was the best thing that ever happened to me.

A 스테이시를 도무지 잊을 수가 없어.
B It would've been better if you had never met her.
A 아냐, 난 아직도 스테이시를 만난 게 내 인생에서 가장 멋진 일이었다고 생각해.

정답 Step 1 4 It would have been better if she had never started 5 It would have been better if she had never Step 2 4 It would have been better if they had never 5 It would have been better if Lily hadn't agreed

28-3.mp3

If it's a fight they want, ~ 그들이 원하는 게 싸움이라면 ~

Step 1 기본 패턴 연습하기

1 **If it's a fight they want**, it's a fight they'll get. 그들이 원하는 게 싸움이라면, 그들이 얻는 것도 싸움이야.

2 **If it's a fight they want**, we'll give it to them. 그들이 원하는 게 싸움이라면, 그렇게 해 주지.

3 **If it's a fight they want**, they shall have it and they will lose.
그들이 원하는 게 전쟁이라면, 원하는 대로 해줄 것이고 그들은 질 것이야.

4 -- what we're all about.
그들이 원하는 게 싸움이라면, 우리가 어떤 존재들인지 보여주지.

5 -- know that that's just what we were looking for. 그들이 원하는 게 싸움이라면, 우리가 찾고 있던 것도 바로 그것이라고 전해라.

Step 2 패턴 응용하기 | If it's + 명사 + (that) + 주어 + want, ~

1 **If it's money you want**, I'll get it. 네가 원하는 게 돈이라면, 내가 구해 줄게.

2 **It it's romance you want**, you've come to the right place.
당신이 원하는 게 로맨스라면, 제대로 찾아오셨어요.

3 **If it's peace you want**, it's peace you'll get. 당신이 원하는 게 평화라면, 평화를 얻게 될 것이오.

4 -- asking the wrong person.
네가 원하는 것이 행복이라면, 사람 잘못 찾아왔어.

5 --, listen to yourself! 네가 찾는 것이 진리라면, 자신의 목소리에 귀 기울여 봐.

Step 3 실생활에 적용하기

A I don't want anything but love.

B 네가 진정 사랑을 하고 싶은 거라면, 스스로 진실해라.

A That sounds too philosophical.

A 난 다른 건 다 필요 없고 사랑을 하고 싶어.

B If it's love you want, be true to yourself.

A 그건 너무 철학적인 말처럼 들리는구나.

정답 Step 1 4 If it's a fight they want, we'll show them 5 If it's a fight they want, let them Step 2 4 If it's happiness you want, you are 5 If it's the truth you want

확인학습

문제를 풀며 오늘 배운 표현을 완벽히 내 것으로 만드세요.

A | 영화 속 대화를 완성해 보세요.

COGSWORTH ❶ ____________, I knew it was foolish to ❷ ____________.
내 이럴 줄 알았지. 기대하는 게 바보짓이라는 걸 알았다고.

LUMIERE ❸ ____________________ if she had never come at all.
그녀가 애초부터 여기에 오지 않았더라면 오히려 더 좋았을지도 모르겠어.

LUMIERE ❹ ____________?
설마?

MRS. POTTS Is it she?
그녀인가요?

LUMIERE Sacre bleu, ❺ ____________!
제기랄, 침입자이야!

COGSWORTH ❻ ____________!
침입자!

MRS. POTTS And they ❼ ____________!
게다가 그들은 마법의 거울을 가지고 있어!

COGSWORTH ❽ ________ the master. ❾ ____________, we'll be ❿ ________ them. Who's with me? Aahh!
주인님께 알려라. 그들이 원하는 게 전쟁이라면, 우리도 마다치 않겠다. 나를 따를 자 누군가? 아!!

정답 A

❶ I knew it
❷ get our hopes up
❸ Maybe it would have been better
❹ Could it be?
❺ invaders
❻ Encroachers
❼ have the mirror
❽ Warm
❾ If it's a fight they want
❿ ready for

B | 다음 빈칸을 채워 문장을 완성해 보세요.

1 그녀가 아예 돌아오지 않았더라면 더 좋았을 텐데.
____________________ come back.

2 그들이 아예 서로 몰랐었더라면 더 좋았을 텐데.
____________________ known each other.

3 그들이 원하는 게 싸움이라면, 그들이 얻는 것도 싸움이야.
____________________, it's a fight they'll get.

4 네가 원하는 것이 행복이라면, 사람 잘못 찾아왔어.
____________________ asking the wrong person.

5 네가 찾는 것이 진리라면, 자신의 목소리에 귀 기울여 봐라!
____________________, listen to yourself!

정답 B

1 It would have been better if she had never
2 It would have been better if they had never
3 If it's a fight they want
4 If it's happiness you want, you are
5 If it's the truth you want

Day 29

One Last Time

마지막으로 한 번 더

다행히 폭도들이 물러가고[retreat] 성에는 다시 평화가 온 것 같습니다. 하지만 우리의 야수가 위험에 처했네요. 아래층에서 전투[combat]가 벌어지는 동안 가스통은 야수를 상대하기 위해 야수의 은신처[den]로 잠입한 것이죠. 가스통이 활[bow]을 쏴서 야수의 어깨에 큰 상처를 입히는데요. 슬픔에 빠진 야수는 전혀 싸울 의지가[will] 없습니다. 이때 어디선가 벨의 목소리가 들려옵니다. 그러자 야수가 거짓말처럼 기운을 회복하고 가스통을 간단히 제압합니다. 사랑의 힘은 정말 대단해요! 그런데 가스통과의 싸움에서 치명상을 입은 야수가 죽어 가는군요.

Warm Up! 오늘 배울 표현

오늘 등장하는 표현들입니다. 어떤 표현이 들어가야 할지 생각해 보세요.

* Oh, this is ________. 아, 이 모든 게 다 제 잘못이에요.
* ________ I'd gotten here sooner. 제가 조금만 더 일찍 왔더라면.
* Maybe it's ________. 어쩌면 이렇게 된 게 더 잘된 건지도 모르오.
* Everything's ________. 모든 것이 다 괜찮을 거예요.
* ________ see you one... last...time. 적어도 당신을 볼 수 있었잖소… 마지막으로 한 번 더.

바로 이 장면!

오디오 파일을 듣고 3번 따라 말해보세요. 29-1.mp3

BEAST 야수

You came back.

당신이 돌아왔군요.

BELLE 벨

Of course I came back. I couldn't let them... Oh, **this is all my fault.** ❶ **If only** I'd gotten here sooner. ❷

당연히 돌아왔죠. 그들이 그렇게 하게 둘 수는… 아, 이 모든 게 다 제 잘못이에요. 제가 조금만 더 일찍 왔더라면.

BEAST 야수

Maybe it's better this way. ❸

어쩌면 이렇게 된 게 더 잘된 건지도 모르오.

BELLE 벨

Don't talk like that. You'll be all right. We're together now. **Everything's going to be fine.** ❹ You'll see.

그렇게 말하지 마세요. 당신은 괜찮을 거예요. 이제 우리가 함께잖아요. 모든 것이 다 괜찮을 거예요. 당신도 알게 될 거라고요.

BEAST 야수

At least I got to see you one... last...time. ❺

적어도 당신을 볼 수 있었잖소… 마지막으로 한 번 더.

BELLE 벨

No, no! Please! Please! Please don't leave me! I love you!

안돼, 안돼! 제발! 제발! 제발 절 떠나지 마세요! 사랑해요!

장면 파헤치기

구문 설명과 예문으로 이 장면의 핵심 표현을 완벽히 이해하세요.

❶ Oh, this is all my fault. 아, 이 모든 게 다 제 잘못이에요.

일이 잘못된 것이 자신 때문이라고 인정할 때 This is my fault이라고 하는데, 그 표현을 더 강조할 때는 all을 넣어서 This is all my fault. '다 내 잘못이야'라고 말해요.

* **This is all my fault.** I shouldn't have invited him in the first place.
  다 내 잘못이야. 애당초 그 사람을 부르지 말았어야 했어.
* I'll take full responsibility for it. **This is all my fault.** 제가 다 책임질게요. 이 모든 게 다 제 잘못이에요.

❷ If only I'd gotten here sooner. 제가 조금만 더 일찍 왔더라면.

If only는 소망을 나타내면서 '~이면 좋을 텐데/~였다면 좋았을 텐데'라고 쓰는 표현이에요. If only 뒤에 '주어 + 동사'가 따라오는 형식으로 쓰면 된답니다.

★ 영화 속 패턴 익히기

❸ Maybe it's better this way. 어쩌면 이렇게 된 게 더 잘된 건지도 모르오.

어차피 발생한 일에 대해서 후회하거나 자책해봐도 아무 소용이 없을 때는 최대한 긍정적으로 현실을 받아들이는 게 낫잖아요? 그럴 때는 '어쩌면/차라리 이렇게 된 게 더 잘된 걸지도 몰라'라는 의미의 이 표현을 써 보세요.

* You live your life, I live mine. **Maybe it's better this way.**
  넌 네 인생을 살아라, 난 나의 삶을 살게. 어쩌면 이렇게 된 게 더 잘된 걸지도 몰라.
* I wish I could see you. But, **maybe it's better this way.**
  널 보고 싶어. 하지만, 어쩌면 그냥 이대로가 더 나은 걸지도 몰라.

❹ Everything's going to be fine. 모든 것이 다 괜찮을 거예요.

상대방이 좋지 않은 일을 겪었거나 일이 잘 풀리지 않아 힘들어할 때 위로하며 쓰면 좋은 표현이에요. Everything's going to be all right이라고도 하죠.

* Don't worry. **Everything's going to be fine.** 걱정 말아요. 모든 게 다 괜찮을 거예요.
* "**Everything's going to be fine.**" The doctor said quietly. "아무 문제 없을 거예요." 의사가 나지막이 말했다.

❺ At least I got to see you one... last...time. 적어도 당신을 볼 수 있었잖소… 마지막으로 한 번 더.

〈At least I got to + 동사〉는 '적어도/그래도 ~는 할 수 있었으니까 괜찮아 (이걸로 위안을 삼자)'라는 뉘앙스로 좋지 못한 상황에 어떻게든 긍정적으로 말하는 표현이에요.

★ 영화 속 패턴 익히기

영화 속 패턴 익히기

오늘 배운 장면에서 뽑은 핵심 패턴으로 다양한 표현을 만들어 보세요.

29-2.mp3

If only I had + 과거분사

(어떤 결과에 대해 자책하거나 뉘우치며) 내가 ~만 했었더라면/했더라도

Step 1 기본 패턴 연습하기

1 **If only I had** told my parents. 부모님께 말씀을 드리기만 했더라도.

2 **If only I had** bought the lottery ticket with those numbers. 그 번호로 로또를 사기만 했어도.

3 **If only I had** called him earlier. 그에게 더 일찍 전화를 걸기만 했더라도.

4 ______________ been there before he had. 그가 오기 전에 내가 거기에 가기만 했더라도.

5 ______________ harder when I was in high school. 고등학교 때 더 열심히 공부만 했더라도.

Step 2 패턴 응용하기 | If only + 주어 + had + 과거분사

1 **If only she had** told me sooner. 그녀가 조금만 더 일찍 얘기해 줬더라면.

2 **If only he had** kept the secret. 그가 그 비밀을 지키기만 했더라면.

3 **If only we had** more time. 우리에게 시간이 더 있기만 했더라면.

4 ______________ about this before they made the decision.
그들이 그 결정을 내리기 전에 이 사실을 알고 있기만 했더라도.

5 ______________ nicer to that girl. 브라이언이 그 여자아이에게 더 친절하게만 했더라도.

Step 3 실생활에 적용하기

A 조금만 더 젊었다면 얼마나 좋을까?	A I wish I were a little younger.
B How much younger do you wish you were?	B 얼마나 더 젊어지고 싶은 건데?
A 내가 딱 10년만 더 젊었더라면.	A If only I had been 10 years younger.

정답 Step 1 4 If only I had 5 If only I had studied Step 2 4 If only they had known 5 If only Brian had been

29-3.mp3

At least I got to + 동사 적어도/그래도 ~는 할 수 있었으니까 괜찮아 (이걸로 위안을 삼자)

Step 1 기본 패턴 연습하기

1 **At least I got to** say good-bye to him. 그래도 그에게 작별 인사는 할 수 있었으니까.

2 **At least I got to** see you when you were here. 그래도 네가 여기 왔을 때 볼 수는 있었으니까 다행이야.

3 **At least I got to** spend a little time with my family.
그래도 가족들과 같이 시간을 조금이나마 보낼 수 있었으니까 다행이지.

4 ______________ my hair done. 그래도 머리라도 했으니 다행이지.

5 ______________ get in there before they closed.
그래도 문 닫기 전에 들어갈 수 있었기에 망정이지.

Step 2 패턴 응용하기 | At least + 주어 + got to + 동사

1 **At least my father got to** see me graduate. 그래도 우리 아빠는 내가 졸업하는 걸 볼 수 있었으니까.

2 **At least she got to** keep the dog. 그래도 그녀는 강아지는 가질 수 있었으니까.

3 **At least we got to** see Justin. 그래도 우린 저스틴은 봤으니까.

4 ______________ to the speaker before he left.
그래도 연설자가 떠나기 전에 넌 대화할 기회가 있었잖아.

5 ______________ in the game. 적어도 그들은 시합에 뛸 수는 있었으니까.

Step 3 실생활에 적용하기

A Did you get to talk to all the guys in Big Bang?

B 아니, 그러진 못했어. 그래도 지디하고 사진은 좀 찍었으니까.

A No way! I'm so jealous.

A 빅뱅 멤버들 모두하고 대화를 나눈 거야?

B No, I didn't. At least I got to take pictures with GD.

A 말도 안돼! 너무 좋겠다.

정답 Step 1 4 At least I got to get 5 At least I got to Step 2 4 At least you got to talk 5 At least they got to play

확인학습

문제를 풀며 오늘 배운 표현을 완벽히 내 것으로 만드세요.

A | 영화 속 대화를 완성해 보세요.

BEAST You ❶ ______________. 당신이 돌아왔군요.

BELLE Of course I came back. I couldn't let them... Oh, this is ❷ ______________. ❸ ______________ I'd gotten here sooner.
당연히 돌아왔죠. 그들이 그렇게 하게 둘 수는… 아, 이 모든 게 다 제 잘못이에요. 제가 조금만 더 일찍 왔더라면.

BEAST ❹ ______________________.
어쩌면 이렇게 된 게 더 잘된 건지도 모르오.

BELLE Don't talk like that. You'll be ❺ ______________. We're together now. Everything's going to be fine. ❻ ______________.
그렇게 말하지 마세요. 당신은 괜찮을 거예요. 이제 우리가 함께잖아요. 모든 것이 다 괜찮을 거예요. 당신도 알게 될 거라고요.

BEAST ❼ ______________ see you one... last...time.
적어도 당신을 볼 수 있었잖소… 마지막으로 한번 더.

BELLE No, no! Please! Please! Please ❽ ______________! I love you! 안돼, 안돼! 제발! 제발! 제발 절 떠나지 마세요! 사랑해요!

B | 다음 빈칸을 채워 문장을 완성해 보세요.

1 고등학교 때 더 열심히 공부만 했더라도.
______________ harder when I was in high school.

2 그녀가 조금만 더 일찍 얘기해 줬더라면.
______________ me sooner.

3 그래도 그에게 작별 인사는 할 수 있었으니까.
______________ say good-bye to him.

4 그래도 가족들과 같이 시간을 조금이나마 보낼 수 있었으니까 다행이지.
______________ a little time with my family.

5 적어도 그들은 시합에 뛸 수는 있었으니까.
______________ in the game.

정답 A

❶ came back
❷ all my fault
❸ If only
❹ Maybe it's better this way
❺ all right
❻ You'll see
❼ At least I got to
❽ don't leave me

정답 B

1 If only I had studied
2 If only she had told
3 At least I got to
4 At least I got to spend
5 At least they got to play

Day 30

Ah, L'amour!

아, 사랑

장미꽃의 마지막 꽃잎[petal]도 떨어지고[fall off], 야수도 죽어가고 모든 것이 비극[tragedy]으로 끝나는 것 같습니다. 그런데 벨이 야수를 안고 슬픔의 눈물을 흘리는 순간, 놀라운 일이 일어납니다. 야수가 왕자의 모습으로 변하고[transformed] 성의 식구들도 마법의 걸리기 전의 모습으로 돌아갑니다[back to]. 벨과 야수의 사랑의 힘으로 마침내 성의 마법이 풀린 거죠! 모두들 기쁨을 감추지 못합니다. 진정한 사랑의 의미를 깨우치기 위해 너무나도 오랜 시간을 기다려온 야수와 미녀가 행복하게 춤을 추는 장면[dance around the room]으로 영화는 막을 내립니다.

Warm Up! 오늘 배울 표현

오늘 등장하는 표현들입니다. 어떤 표현이 들어가야 할지 생각해 보세요.

* Shall we _______________? 우리 지난 일들은 다 과거 일이니 잊어버리는 게 어떨까?
* _______ you she _______ break the spell. 내가 그랬지 않나, 그녀가 마법을 풀 것이라고.
* You _______________ did not, you pompous parrafin-headed pea-brain! 절대 네가 그렇게 하지 않았다니까. 이 거만한 파라핀으로 만든 머리를 가진 얼간이!
* En garde, you _______ pocket watch! 싸울 준비 해라, 덩치만 큰 회중시계 놈아!
* Are they gonna live _______________, mama? 그들은 영원히 오래오래 행복하게 살까요, 엄마?

바로 이 장면!

오디오 파일을 듣고 3번 따라 말해보세요. 30-1.mp3

LUMIERE 뤼미에르
Ah, l'amour.
아, 사랑.

LUMIERE 뤼미에르
Heh heh!
헤헤!

COGSWORTH 콕스워스
Well, Lumiere, old friend. Shall we **let bygones be bygones**? [1]
있잖아, 뤼미에르, 내 오랜 친구. 우리 지난 일들은 다 과거 일이니 잊어버리는 게 어떨까?

LUMIERE 뤼미에르
Of course, mon ami. **I told** you she **would** break the spell. [2]
물론이지, 친구. 내가 그랬지 않나, 그녀가 마법을 풀 것이라고.

COGSWORTH 콕스워스
I beg your pardon, old friend, but I believe I told you.
지금 뭐라고 했나, 친구, 그건 내가 했던 말 같은데.

LUMIERE 뤼미에르
No, you didn't. I told you.
아니야, 네가 그런 게 아니야, 내가 너에게 얘기해 준 거라고.

COGSWORTH 콕스워스
You **most certainly** did not, you pompous parrafin-headed pea-brain! [3]
절대 네가 그렇게 하지 않았다니까, 이 거만한 파라핀으로 찬 머리를 가진 얼간이!

LUMIERE 뤼미에르
En garde, you **overgrown** pocket watch! [4]
싸울 준비 해라, 덩치만 큰 회중시계 놈아!

CHIP 칩
Are they gonna live **happily ever after**, mama? [5]
그들은 영원히 오래오래 행복하게 살까요, 엄마?

MRS. POTTS 포트 부인
Of course, my dear. Of course.
물론이지, 얘야, 물론이지.

장면 파헤치기

구문 설명과 예문으로 이 장면의 핵심 표현을 완벽히 이해하세요.

❶ Shall we let bygones be bygones? 우리 지난 일들은 다 과거 일이니 잊어버리는 게 어떨까?

bygone은 '이미 오래전에 지나간, 옛날의'라는 의미로 명사 앞에 쓰는 형용사예요. 단어 뒤에 s를 붙이면 명사화돼서 '지난 일, 과거사'라는 의미가 된답니다. bygones는 위의 문장처럼 let bygones be bygones형식(과거에 있었던 일들은 그냥 다 잊어버리자)으로 쓰여요.

* We agreed to **let bygones be bygones.** 우린 지난 일들은 모두 잊기로 동의했어.
* That was so long ago. **Let bygones be bygones.**
  그거 정말 오래전 일이잖아. 이미 다 지난 일인데 이제 좀 잊어버려라.

❷ I told you she would break the spell. 내가 그랬지 않나, 그녀가 마법을 풀 것이라고.

상대방에게 어떤 결과에 대해서 '그것 보라고 내가 이미 말하지 않았느냐'는 뉘앙스로 I told you 이라는 표현을 쓰는데, 이것을 〈I told you + (that) + 주어 + would + 동사〉 형식으로 만들어주면 '내가 ~가 ~할 거라고 했잖아'라는 의미로 활용할 수 있어요.

★ 영화 속 패턴 익히기

❸ You most certainly did not, you pompous parrafin-headed pea-brain!

절대 네가 그렇게 하지 않았다니까, 이 거만한 파라핀으로 만든 머리를 가진 얼간이!

어떤 상황을 강조하며 '분명히, 틀림없이'라는 의미로 absolutely, definitely, surely 등의 부사와 함께 certainly가 쓰이는데, 앞에 most를 넣어서 강조할 수 있습니다.

★ 영화 속 패턴 익히기

❹ En garde, you overgrown pocket watch! 싸울 준비 해라, 덩치만 큰 회중시계 놈아!

overgrown은 부정적인 뉘앙스로 '너무 지나치게 커져 버린, 비대해진'이라는 의미의 형용사예요. 놀릴 때 쓰는 표현이지요. 풀이나 잡초 등이 마구 제멋대로 자란 정원, 길도 묘사한답니다.

* The path is quite **overgrown** now. 그 길엔 풀이 너무 무성하게 자라 있더라.
* Sam is not a man, he's an **overgrown** child. 샘은 성인 남자가 아니고 그냥 덩치만 큰 애예요.

❺ Are they gonna live happily ever after, mama? 그들은 영원히 오래오래 행복하게 살까요, 엄마?

왕자와 공주가 만나면서 해피엔딩으로 끝나는 거의 모든 동화의 마지막 표현은 And they lived happily ever after인데 그 의미는 '그 후 그들은 오래오래 행복하게 살았답니다'예요. 자주 쓰이는 표현이다 보니 happily-ever-after, happy ending이라고 쓰이기도 한답니다.

* I wish you a **happily-ever-after.** (결혼하는 커플에게) 행복하게 오래오래 살길 바라.
* The main characters always live long and **happily ever after.**
  주인공들은 항상 오래 살고 끝까지 행복하게 살더라고.

영화 속 패턴 익히기

오늘 배운 장면에서 뽑은 핵심 패턴으로 다양한 표현을 만들어 보세요.

30-2.mp3

I told you + (that) + 주어 + would + 동사 내가 ~가 ~할 거라고 했잖아.

Step 1 기본 패턴 연습하기

1 **I told you he would** be here. 내가 그가 여기 왔을 거라고 했잖아.

2 **I told you she would** like you too. 내가 그녀도 널 좋아할 거라고 했잖아.

3 **I told you that they would** want to see you singing and dancing.
그들이 네가 노래하면 춤추는 모습을 보고 싶어 할 거라고 내가 그랬잖아.

4 ______________________ a lot of personal questions.
우리 엄마가 너에게 개인적인 질문을 많이 할 거라고 내가 그랬잖아.

5 ______________________ before I went to bed. 내가 자기 전에 전화할 거라고 했잖아.

Step 2 패턴 응용하기 | I told you + (that) + 주어 + wouldn't + 동사

1 **I told you she wouldn't** tell us anything. 내가 그랬잖아. 그녀는 우리에게 아무 말도 해 주지 않을 거라고.

2 **I told you he wouldn't** enjoy hanging out with us.
내가 그랬잖아. 그는 우리와 노는 걸 별로 좋아하지 않을 거라고.

3 **I told you I wouldn't** forget you. 난 널 잊지 않을 거라고 했잖아.

4 ______________________ believe us. 그들이 우리를 믿지 않을 거라고 내가 그랬잖아.

5 ______________________ notice the difference. 사라는 그 차이를 몰라 볼 거라고 내가 그랬잖아.

Step 3 실생활에 적용하기

A What happened to the cafe that was here before?	A 여기에 있던 카페 어떻게 된 거지?
B 내가 그랬잖아. 여기 금방 없어질 거라고.	B I told you it would go out business in no time.
A Things come and go so fast in this part of the city.	A 이 동네는 정말 모든 게 엄청 빨리 생겼다가 없어지고 그러는구나.

정답 Step 1 4 I told you my mom would ask you 5 I told you I would call Step 2 4 I told you they wouldn't 5 I told you Sara wouldn't

30-3.mp3

You most certainly + 동사 (조동사 + 동사)

넌 (강한 강조) 정말/절대로/틀림없이/확실히/분명히 ~

Step 1 기본 패턴 연습하기

1 **You most certainly** can play this game. 넌 정말 이 게임을 잘 하는구나.

2 **You most certainly** will survive. 넌 분명히 살아남을 거야.

3 **You most certainly** may stay here a little longer. 당신은 여기에 며칠 더 머물렀다가 가도 정말 괜찮아요.

4 ________________ an escort. 당신은 분명 에스코트할 사람이 필요하군요.

5 ________________ better than any of us. 넌 확실히 우리 중 그 누구보다도 더 낫다.

Step 2 패턴 응용하기 | 주어 + most certainly + 동사 (조동사 + 동사)

1 **I most certainly** want to go back home. 난 정말 정말 집에 돌아가고 싶어.

2 **She most certainly** did not ask for it. 그녀는 분명 그걸 요청한 건/원한 건 아니었다.

3 **He most certainly** would want to go on a date with her. 그는 확실히 그녀와 데이트를 하고 싶어 해.

4 ________________ not need any of those. 우린 이런 것은 정말 필요 없어요.

5 ________________ be joining us. 그들은 분명히 우리와 함께할 것이다.

Step 3 실생활에 적용하기

A Why don't you join in with us?

B 나도 정말 그렇게 하고 싶은데 지금 어디를 좀 가봐야 해서.

A Okay, maybe next time.

A 너도 우리랑 같이 갈래?

B I most certainly would love to join you guys, but I have to be somewhere.

A 그래, 그럼 다음 기회에.

정답 Step 1 4 You most certainly need 5 You most certainly are Step 2 4 We most certainly do 5 They most certainly will

확인학습

문제를 풀며 오늘 배운 표현을 완벽히 내 것으로 만드세요.

A | 영화 속 대화를 완성해 보세요.

LUMIERE Ah, l'amour. 아, 사랑.

LUMIERE Heh heh! 헤헤!

COGSWORTH Well, Lumiere, old friend. Shall we ❶ ______________________? 있잖아, 뤼미에르, 내 오랜 친구. 우리 지난 일들은 다 과거 일이니 잊어버리는 게 어떨까?

LUMIERE Of course, mon ami. ❷ ______________________ break the spell. 물론이지, 친구. 내가 그랬지 않나, 그녀가 마법을 풀 것이라고.

COGSWORTH ❸ ______________________, old friend, but ❹ ______________________ I told you. 지금 뭐라고 했나, 친구, 그건 내가 했던 말 같은데.

LUMIERE No, you didn't. ❺ ______________________. 아니야, 네가 그런 게 아니야. 내가 너에게 얘기해 준 거라고.

COGSWORTH You ❻ ______________________ did not, you ❼ ______________________ parrafin-headed pea-brain! 절대 네가 그렇게 하지 않았다니까, 이 거만한 파라핀으로 찬 머리를 가진 얼간이!

LUMIERE En garde, you ❽ ______________________ pocket watch! 싸울 준비 해라, 덩치만 큰 회중시계 놈아!

CHIP Are they gonna live ❾ ______________________, mama? 그들은 영원히 오래오래 행복하게 살까요, 엄마?

MRS. POTTS Of course, ❿ ______________________. Of course. 물론이지, 얘야, 물론이지.

B | 다음 빈칸을 채워 문장을 완성해 보세요.

1 내가 그녀도 널 좋아할 거라고 했잖아.

______________________ like you too.

2 우리 엄마가 너에게 개인적인 질문을 많이 할 거라고 내가 그랬잖아.

______________________ a lot of personal questions.

3 내가 그랬잖아, 그는 우리와 노는 걸 별로 좋아하지 않을 거라고.

______________________ enjoy hanging out with us.

4 넌 확실히 우리 중 그 누구보다도 더 낫다.

______________________ better than any of us.

5 난 정말 정말 집에 돌아가고 싶어.

______________________ go back home.

정답 A

❶ let bygones be bygones
❷ I told you she would
❸ I beg your pardon
❹ I believe
❺ I told you
❻ most certainly
❼ pompous
❽ overgrown
❾ happily ever after
❿ my dear

정답 B

1 I told you she would
2 I told you my mom would ask you
3 I told you he wouldn't
4 You most certainly are
5 I most certainly want to